DOUG**FIELDS** y ERIK**REES**

DESCUBRIENDO TUS TALENTOS
PARA DEJAR UNA MARCA EN EL MUNDO

 Vida®

La misión de Editorial Vida es ser la compañía líder en comunicación cristiana que satisfaga las necesidades de las personas, con recursos cuyo contenido glorifique al Señor Jesucristo y promueva principios bíblicos.

DESCUBRIENDO TUS TALENTOS
Edición en español publicada por
Editorial Vida - 2011
Miami, Florida

© 2011 por Doug Fields y Erik Rees

Originally published in the USA under the title:
Congratulations... You're Gifted!
Copyright © 2008 Doug Fields and Erik Rees
Published by permission of Zondervan, Grand Rapids, Michigan.
All rights reserved
Further reproduction or distribution is prohibited.

Traducción: *Adlyn Torres*
Edición: *María Gallardo*
Diseño de interior y cubierta: *CREATOR studio.net*

RESERVADOS TODOS LOS DERECHOS. A MENOS QUE SE INDIQUE LO CONTRARIO, EL TEXTO BÍBLICO SE TOMÓ DE LA SANTA BIBLIA NUEVA VERSIÓN INTERNACIONAL. © 1999 POR BÍBLICA INTERNACIONAL.

ISBN: 978-0-8297-5746-0
CATEGORÍA: JUVENIL NO FICCIÓN / General

IMPRESO EN ESTADOS UNIDOS DE AMÉRICA
PRINTED IN THE UNITED STATES OF AMERICA

11 12 13 14 15 ❖ 7 6 5 4 3 2 1

A JIM BURNS

Mi pastor juvenil, mi maestro, mi mentor, mi alentador y mi amigo. Desde 1978, has sido la persona que constantemente me ha dicho: «Te felicito... ¡eres talentoso!». Siempre estaré agradecido por las maneras en que has moldeado mi vida y creído en mí. ¡Te amo!

DOUG

A SHAYA, JESSICA Y JT

A medida que van transformándose en todo aquello que Dios ha moldeado que sean, ¡oro para que vivan cada día con una confianza inconmovible en Cristo y con claridad respecto de su propósito para sus vidas! ¡Les amo!

ERIK

CONTENIDO

INTRODUCCIÓN
¡BIENVENIDO A UNA AVENTURA EMOCIONANTE!..................... 9

CAPÍTULO 1
¡FELICIDADES! ERES UNA OBRA MAESTRA ORIGINAL.................. 15

CAPÍTULO 2
HAS SIDO BENDECIDO.. 31

CAPÍTULO 3
TIENES UN CORAZÓN GRANDE... 51

CAPÍTULO 4
TIENES TALENTO... 67

CAPÍTULO 5
TIENES PERSONALIDAD.. 81

CAPÍTULO 6
TIENES ALGO QUE COMPARTIR.. 99

DESCUBRIENDO TU FORMA PERSONAL:
UN PERFIL DE AUTO-DESCUBRIMIENTO................................... 113

CAPÍTULO 7
TU IMPACTO ESPECIAL PARA EL REINO..................................... 127

CAPÍTULO 8
LLEGÓ TU TURNO DE SERVIR... 147

CAPÍTULO 9
JUNTOS ESTÁN MEJOR... 165

CAPÍTULO 10
CAMBIA TU MUNDO... 177

APÉNDICES... 189

UNA NOTA ESPECIAL PARA LOS LÍDERES DE JÓVENES........ 209

RECONOCIMIENTOS

Durante varios años hemos trabajado juntos en la Iglesia de Saddleback, y estamos agradecidos por la gran cantidad de hombres y mujeres que allí se han unido a nosotros para hacernos mejores seres humanos. Muchos de estos compañeros de ministerio nos animaron durante este proyecto de escritura y nos ayudaron de formas tangibles. Estamos agradecidos por formar parte de una iglesia llena de personas maravillosas que sirven y honran a Dios.

En cuando al escrito en sí, hubo una persona que tuvo un papel tan decisivo que necesita ser mencionada aparte. Rob Cunningham revisó cada palabra, ayudándonos a crear mejores oraciones y poniendo gran parte de su vida en este libro. Estamos agradecidos por sus destrezas, su ayuda y su amistad, y por el sacrificio que hizo dentro de su propio ministerio juvenil para ayudar en este proyecto. Agradecemos también a Allison McCroskey y a Jana Sarti por leer, editar, digitalizar y pulir este libro durante su tiempo libre. Además, este libro será más fácil de leer gracias a nuestro editor Doug Davidson: gracias por tu ardua labor.

Sería imposible agradecer a todos los adolescentes que han pasado tiempo con nosotros pensando en el material de este libro y aplicándolo a sus vidas. Sin embargo, durante esta última ronda de escritura, hubo dos amigos que nos proveyeron de más comprensión y profundidad espiritual que las que hubiéramos esperado... gracias a dos de nuestras favoritas de siempre: Delia Baltierra y Lindsey Pierce. Un agradecimiento especial a Derik y Reggie Hamer, Dylan Maguire, James Stewart, Jason Bohen, Alex Calkins, Trent Frum, Alex Boyd, Brandon Cirbo, Brock y Jordon McNeff, Adam Santos, Garrett Donohoe, Estevan Pena, Cole Johnson, Jackson Carlisle, Nikki Adams,

Emily Arnold, Jade Brower, Jessie Forster, Chase y Larson Ishii, Landon Maslyn, Jordon Sharon, Hayden Coplen, Kendall Thrall, Nikki Charest, Bryn Stamos, Amy Belanger, y a nuestra amiga desde hace mucho tiempo, Kelly Perry. Y un agradecimiento especial de parte de Doug para las mejores tres adolescentes que el mundo ha conocido: Torie, Cody y Cassie Fields.

¡BIENVENIDO A UNA AVENTURA EMOCIONANTE!

INTRODUCCIÓN

INTRODUCCIÓN

Con tan solo tener este libro en tus manos, ya estás apartándote del joven *tradicional*. En primer lugar, muchos chicos de tu edad no están interesados en leer libros. En segundo lugar, esos chicos a quienes *sí* les interesa leer no suelen escoger libros que les exijan trabajar, pensar, y posiblemente cambiar algo de ellos mismos. Y, por último, muchos jóvenes no están motivados por el deseo de hacer una diferencia a través de sus vidas. Muchos están motivados por el éxito, la popularidad, o las posesiones... pero es poco común que los jóvenes anhelen y busquen un sentido para sus vidas. Este libro te ayudará al guiarte hacia una vida con sentido y significado, hacia una vida que importe.

Hay personas increíbles, gente de distintos lugares y clases, que dedican sus vidas a hacer contribuciones importantes para nuestro mundo. Es probable que conozcas gente así, o que al menos hayas escuchado historias sobre personas que trabajan para hacer una diferencia. Una de las cosas que habitualmente une a todas esas personas increíbles es que en cierto momento decidieron que no querían desperdiciar sus vidas. Cada una de esas personas decidió que quería hacer una diferencia en su mundo.

¿Eres tú así? ¿Deseas que tu vida tenga valor? ¿Quieres colaborar? ¿Anhelas vivir de tal manera que hagas de éste un mundo mejor? Si es así, por favor continúa leyendo.

Este libro trata de ayudarte a descubrir de qué modo te ha creado Dios para que hagas algo importante. Tú no fuiste colocado en la tierra para intentar copiar a otros. Fuiste creado por Dios como una obra maestra original. No hay nadie como tú: nadie tiene la misma mezcla particular de dones, intereses, experiencias y habilidades. Eres único, y Dios está deseoso de usarte...

si estás dispuesto a trabajar en el descubrimiento de tu originalidad. ¿Estás dispuesto?

Este libro está dividido en dos secciones principales. En la primera mitad del libro, consideraremos las muchas maneras en las que Dios te ha hecho único: lo que llamamos tu «FORMA». En la segunda, mitad te enfocarás en cómo Dios puede usarte a ti y a tu forma única para impactar este mundo.

Sin embargo, la sección más importante del libro está justo en el medio. Es allí donde crearás tu propio «perfil FORMA». A medida que vayas avanzando a lo largo de la primera mitad del libro, te dirigiremos de vez en cuando a las páginas del perfil FORMA, en donde responderás preguntas que te ayudarán a descubrir la originalidad con la que Dios te ha bendecido. Y construirás sobre esas respuestas a medida que leas la segunda mitad del libro, reflexionando sobre cómo tu FORMA particular posibilita que hagas una diferencia para Dios y para otras personas.

Este libro tiene el potencial de ser un viaje divertido en el cual aprendas, experimentes, evalúes y establezcas como meta el convertirte en alguien a quien Dios utilice. Pero antes de que sigas leyendo, queremos que sepas algo importante: no tienes que esperar hasta ser adulto para que Dios te use para hacer la diferencia. Así es, ¡Dios te puede usar ahora! Dios puede usar tu personalidad, habilidades, pasión y experiencias únicas para ayudar a otros mientras aún eres joven. No lo dejes para después: mientras más temprano, ¡mejor!

Es un privilegio y un honor para nosotros caminar y conversar contigo mientras aprendes más sobre ti y sobre el plan que Dios tiene para ti. Y, aunque verás que hay dos autores nombrados en la portada de este libro, el «nosotros» se transformará en un «yo» durante el libro... y yo, Doug, seré la voz principal. La razón es la siguiente:

Hace mucho tiempo, Erik escribió un grandioso libro para adultos titulado «F.O.R.M.A.: Conociendo cuál es el propósito que Dios te ha dado solo a ti en esta Tierra». El libro de Erik tuvo tal éxito con los adultos que comencé a utilizarlo con los adolescentes en nuestra iglesia. Cuando Erik vio cómo estaba usando el material, me preguntó si yo podría reescribir el libro para una audiencia juvenil. Erik mismo pudo haberlo hecho: es más joven, listo y divertido que yo (hasta fue modelo). Pero él sabía que a mí me fascinaría la oportunidad de traducir este material para los jóvenes, dado que soy pastor de jóvenes desde 1979, y también que tengo tres adolescentes propios con quienes quería compartir esto. ¡Él estaba en lo correcto!

Por supuesto, no tuve que reescribir cada palabra, ya que Erik había sido muy claro en su manuscrito original. Mantuve mucho del contenido de Erik, y también incluí algunas historias mías que han resultado de ayuda las veces que he usado el material con jóvenes. Por lo tanto, escribimos este libro *juntos*... y es imposible ser completamente claros en cuanto a dónde terminan mis palabras y comienzan las de Erik. Si lees con cuidado, notarás que ciertas oraciones parecen escritas por un profesor, profundas y provocadoras de pensamientos, mientras que otras parecen... bueno... ¡como algo que yo diría! Pero, para garantizar una lectura amena, hemos escogido escribir como si estuvieras escuchando una sola voz, sin identificar al autor de cada una de las oraciones. Solo hay unos cuantos lugares en los que pensamos que era importante que supieras si escribía Doug o Erik... y te lo dijimos. Sin embargo, durante la mayor parte del texto no te dijimos *quién* estaba escribiendo.

Este estilo de escritura a una sola voz también nos ayuda a proteger la reputación de Erik. Si alguna porción del libro es criticada como «tonta», él podrá defenderse fácilmente, diciendo: «Ah, esa parte la escribió Doug».

Estamos ansiosos por ayudarte a descubrir más sobre quién eres y cómo Dios te puede usar.

Verdaderamente eres talentoso.

Doug y Erik

P.D. (para los jóvenes): Le sacarás más provecho al libro si lo lees con un amigo. Así tendrás con quién hablar sobre lo que lees. O, mejor aún, léelo con tu grupo de jóvenes, y hablen en pequeños grupos sobre lo leído.

P.D. (para los adultos): Si trabajas con adolescentes o jóvenes y quieres ayudarlos a descubrir su originalidad por medio del ministerio a otros, asegúrate de ver la página 209 la que contiene una nota especial para los líderes de jóvenes sobre cómo usar este libro.

«Porque somos hechura de Dios, creados en Cristo Jesús para buenas obras, las cuales Dios dispuso de antemano a fin de que las pongamos en práctica.»

Efesios 2:10

¿YO? ¿UNA OBRA MAESTRA?

Durante mi primer año en la universidad, tomé un curso de arte. No me interesaba el arte en lo más mínimo, pero estaba muy interesado en una linda chica que «casualmente» era estudiante de arte. El primer trabajo que nos asignaron en la clase fue ir a alguna galería y estudiar diferentes obras de arte. Aunque la chica linda no quiso ir conmigo (esa historia me la reservaré para cuando escriba un libro titulado *Descubriendo que eres un idiota*), cumplí con mi visita a la fabulosa galería de arte para no reprobar el curso.

Cuando llegué, fui recibido por el director de la galería. De forma muy entusiasta, me explicó cómo sacarle el mejor provecho a mi experiencia. Definitivamente me sentía como un pez fuera del agua. Recuerdo haber visto una súper escultura hecha con chatarra, pero en líneas generales yo no captaba qué era lo «taaan interesante» en lo que respecta al arte. Miraba alguna pintura y me decía a mí mismo: «Esto está lindo» o «¿En qué estaba pensando este artista?» o «Si yo tragara una buena cantidad de pintura y luego la vomitara encima de un lienzo, se vería como ese cuadro que está allá». Ya sabes, comentarios profundos sobre el arte.

> Miraba alguna pintura y me decía a mí mismo: «Esto está lindo» o «¿En qué estaba pensando este artista?» o «Si yo tragara una buena cantidad de pintura y luego la vomitara encima de un lienzo, se vería como ese cuadro que está allá». Ya sabes, comentarios profundos sobre el arte.

El punto culminante de mi visita fue el conocer a un artista de mediana edad llamado Ray. Me voló la cabeza de inmediato ver la pasión que tenía por su trabajo. Me mostró algunas de sus pinturas con un sentido de orgullo por sus destrezas, y un sentido de seguridad respecto de su llamado para ser artista. Decía, convencido, que sus creaciones eran claramente originales únicos. Yo estaba asombrado por todo lo que él podía ver en su arte, ya que yo solo podía ver un cúmulo de diferentes colores y formas. Pero, al igual que otros artistas, Ray veía cada una de sus obras de arte como algo único e imposible de reproducir. Cada vez que agarraba su pincel, su meta era crear una obra maestra que fuera totalmente original. Durante esa tarde, aprendí más sobre arte y obras maestras de lo que había aprendido en los pasados 19 años de mi vida. (Pero al parecer no aprendí lo suficiente como para sacar más que una C+ en mi clase de arte).

Unos cuantos años antes, cuando estaba en la escuela secundaria, yo había conocido a otro artista que también cambió mi vida. Este otro artista sentía mucha más pasión por sus creaciones. Su amor por mí y por cada una de sus obras sobrepasaba grandemente a cualquier amor humano de un artista hacia su trabajo. Me refiero al Dios del universo, al Artista que cambió mi vida.

Dios, con su asombrosa cualidad de artesano, moldeó al hombre que soy hoy, y me inspiró a querer hacer una diferencia con mi vida. Mira la manera en que la Biblia describe el maravilloso trabajo de Dios en la vida del ser humano:

¡Te alabo porque soy una creación admirable! ¡Tus obras son maravillosas, y esto lo sé muy bien! Mis huesos no te fueron desconocidos cuando en lo más recóndito era yo formado, cuando en lo más profundo de la tierra era yo entretejido. Tus ojos vieron mi cuerpo en gestación: todo estaba ya escrito en tu libro; todos mis días se estaban diseñando, aunque no existía uno solo de ellos (Salmo 139:14-16).

¡Estos versículos dejan claro que tú y yo somos creaciones especiales de Dios, el Artista! Dios no te creó para que llenes un espacio, ni para que pases el rato, ni para que te conviertas en el «exceso de equipaje» de este planeta. Dios te creó para que pasaras tu vida amándolo, amando a otros, y haciendo una diferencia con tu vida. Dios comenzó a pensarte como su obra maestra desde que estabas en el vientre de tu madre.

Tus padres tuvieron alguna parte en el proceso de tu creación (sí, lo sé, es un pensamiento repugnante; ese es otro capítulo para otro libro titulado: *Descubriendo que tus padres tuvieron sexo: ¿no suena asqueroso eso?*), pero Dios mismo fue quién respiró vida en ti.

> **DIOS, CON SU ASOMBROSA CUALIDAD DE ARTESANO, MOLDEÓ AL HOMBRE QUE SOY HOY, Y ME INSPIRÓ A QUERER HACER UNA DIFERENCIA CON MI VIDA**

Dios es *el* artista por excelencia, y él no crea nada que no tenga valor. Te diseñó de forma específica y original para que pudieras hacer algo único con tu vida, algo que nadie más podría hacer como tú. De hecho, Dios está sonriendo en este preciso momento, pensando en ti mientras aprendes, por primera vez, o por milésima vez, que tú eres su obra maestra. En la Biblia lo dice: «Porque somos hechura de Dios, creados en Cristo Jesús para buenas obras, las cuales Dios dispuso de antemano a fin de que las pongamos en práctica» (Efesios 2:10).

Dios mismo fue quien respiró vida en ti.

Aunque no nos conozcamos, supongo que tú no quieres malgastar tu vida. Nunca he conocido a un joven que diga: «Mi objetivo es ser un perdedor y no hacer nada con mi vida». Muchos jóvenes tienen sueños de grandeza y quieren hacer algo que tenga significado. ¿Y tú? ¿Lo has pensado? Es cierto que tal vez no sepas qué quieres hacer con el resto de tu vida, pero lo que sea que hagas, apuesto a que quieres que sea bueno... o incluso grandioso.

Si es así, entonces te doy la bienvenida y te invito a que pases algún tiempo intentando descubrir algo sobre tu singularidad. Te animo a que leas este libro y descubras más sobre la manera particular en la que Dios te ha moldeado como su obra maestra. Incluso si no te gusta leer, tu tiempo con este libro te resultará de gran ayuda. Una vez que descubras quién eres (una obra de arte de Dios), estarás listo para comenzar a descubrir qué es lo que puede Dios tener planeado para ti y la forma específica en la que te diseñó para que hicieras una diferencia en el mundo.

ÚNICO

Como el artista que toma chatarra y la convierte en una gran escultura, Dios toma las piezas de tu vida y las moldea con sus manos amorosas para lograr una obra maestra original y única. ¡Felicitaciones! ¡En el planeta no hay nadie más como tú! Seis mil millones de personas caminando (y otras miles de millones antes que ellas) y ninguna es igual a ti. ¡Ninguna! ¡Esto le vuela la cabeza a cualquiera! Piénsalo por un momento. Trata de concentrarte en el hecho de que nunca ha habido y que nunca habrá una persona idéntica a ti. ¡Solo *tú* puedes cumplir *tu* papel!

> «A mí me resulta fascinante que literalmente todo lo que Dios hace es único: cada ser humano, animal, flor, árbol, hasta cada hoja del césped. Él no clonó nada. Incluso los gemelos poseen su singularidad particular. Eso debería decirnos que nuestra individualidad es una responsabilidad sagrada, y que lo que hagamos con ella es nuestro regalo para Dios. Nuestra mejor contribución a la vida, nuestro máximo aporte a este mundo, solo podrá ser logrado si le permitimos a Dios terminar su trabajo en progreso y perfeccionar nuestra singularidad. Vivir sin descubrir nuestra singularidad no es realmente vivir. Pienso que a Dios se le rompe el corazón cuando sus hijos no se dan cuenta del potencial que ha puesto dentro de ellos.»
> Traducido de: Tom Paterson, «*Living The Life You Were Meant To Live*» (Viviendo la vida que se suponía que vivieras).

Mientras lees, me encantaría que imaginaras que nos vamos a encontrar en el café más cercano (al menos en mi ciudad eso es fácil de imaginar, ya que parece que hay uno en cada esquina). Una vez que llegamos al café, ambos ordenamos algo de tomar, y nos ubicamos en los cómodos asientos de una mesa junto a las ventanas. Yo estoy tomando un té helado grande (un té helado porque detesto el café, y grande porque estaremos aquí un buen rato), y tú estás tomando un _____ (completa con tu bebida favorita). Mientras estamos juntos, pasaremos un tiempo pensando en tu vida, en tu singularidad, y en cómo puedes usar tu vida para hacer una diferencia e impactar a otros.

> «Da Vinci pintó una *Mona Lisa*, Beethoven compuso *una Quinta Sinfonía* y Dios creó *una versión de ti*. ¡Tú eres esa versión! ... Tú puedes hacer algo que nadie más puede hacer y de forma única. Eres más que una coincidencia de cromosomas y herencia, más que un ensamblaje del linaje de otras personas. Fuiste hecho de manera única. ¿Puedes ser cualquier cosa que quieras ser? No lo creo. Pero, ¿puedes ser todo lo que Dios quiere que seas? Eso sí lo creo. Y puedes serlo cuando descubres tu singularidad».
>
> Traducido de: Max Lucado, «*Cure for the Common Life*» (Libro disponible en español bajo el título «Cura para la vida común»).

¡Es un honor estar sentado contigo! Estoy muy emocionado de tener el privilegio de guiarte y ayudarte a descubrir cuán único, original y particular eres en realidad. Una vez que descubras más sobre quién eres, probablemente harás lo que muchos otros adolescentes antes que ti han hecho. ¿Sabes qué es? Es bastante impresionante: han utilizado sus vidas para hacer una diferencia en el mundo. No se conformaron con ocupar un espacio en la Tierra, con pasar tiempo en la escuela para graduarse, y luego pasar tiempo en un trabajo común y corriente. Por el contrario, ellos usaron su FORMA única para hacer algo que solo ellos podían hacer, algo para lo cual habían sido creados. Pusieron la obra maestra de Dios en exhibición, al utilizar sus vidas para hacer lo que Dios los había diseñado para hacer. Son pocas las cosas que me dan más alegría que ayudar a los jóvenes a descubrir su FORMA particular, concebida por Dios, y luego ver cómo invierten sus vidas en hacer aquello para lo cual Dios los creó.

Mi meta es ayudarte a descubrir la forma única en la que Dios te ha moldeado. Si lees estas páginas (mientras te reúnes conmigo en el café) y traes disposición para aprender, estoy seguro de que comenzarás a encontrar y desarrollar el propósito específico de Dios para tu vida.

Mi nuevo amigo, espero que tu corazón palpite de expectativa y emoción al saber que Dios comenzará a revelarte tu singularidad a medida que vayas pasando las páginas.

DESCUBRIENDO TU *FORMA* ESPECIAL

Como una de las obras maestras originales y exclusivas de Dios, tu potencial para hacer la diferencia en este mundo no tiene límites. Quiero ayudarte para que aprendas que lo que escojas *ser* y *hacer* puede revelarse a través de la forma particular con la que Dios te ha creado. Esto se transformará en una aventura emocionante. A través de los años, muchos otros han recorrido este camino para...

descubrir sus dones espirituales,

reconocer sus habilidades,

utilizar sus destrezas,

expresar sus personalidades y

aprender de sus experiencias pasadas...

mientras iban en búsqueda de su contribución particular. ¡Esta búsqueda no es nueva o exclusiva del siglo XXI!

De hecho, mi anhelo es que nuestro tiempo juntos te ayude a descubrir tu FORMA personal. ¿Has notado que he utilizado la palabra FORMA en varias ocasiones? Me gusta mucho esa palabra. A mi amigo y pastor se le ocurrió una idea que ayuda a las personas como tú y yo a reconocer y recordar el diseño artístico de Dios. Él elaboró un acrónimo memorable para ayudarnos a recordar y descubrir nuestra propia FORMA. Tu FOR-

MA personal y particular puede entenderse mejor al mirar a los cinco términos y las cinco preguntas siguientes:

F – Representa **F**omentando tus **Dones Espirituales**

Pregunta:

¿Cuáles son los dones espirituales que Dios te ha concedido?

Si eres un seguidor de Jesucristo, entonces has sido lleno del Espíritu Santo. La Biblia nos revela que Dios te ha dado uno o varios dones espirituales que puedes usar para el desarrollo del cuerpo de Cristo (es decir, de otros cristianos). Intentaré ayudarte para que juntos podamos descubrir tu(s) don(es) espiritual(es) único(s). (De esto se trata el Capítulo 2).

O – Representa **O**rganizando tus **Pasiones**

Pregunta:

¿Qué es lo que verdaderamente te apasiona?

La respuesta a esta pregunta incluiría tus pasiones especiales, o los «amores» de tu vida. (Cuando llegues al Capítulo 3, hablaremos más sobre lo que amas hacer y sobre cómo eso puede influenciar el impacto que hagas para Dios).

R – Representa **R**econociendo tus **Habilidades**

Pregunta:

¿Para qué cosas eres naturalmente bueno?

Este es el conjunto de talentos que Dios te dio cuando naciste. Tú eres bueno para algo; de hecho, ¡eres bueno para muchas cosas! Dios no quiere que malgastes tus habilidades naturales, sino que quiere que las uses para hacer una diferencia en el mundo. (Sí, adivinaste, el Capítulo 4 es acerca de ayudarte a identificar tus habilidades e investigar cómo mejorarán el rol único que Dios tiene en mente para ti).

M – Representa **M**inistrando a través de tu **Personalidad**

Pregunta:

¿Cómo sueles relacionarte con las distintas personas y situaciones?

Esta es la estrategia que Dios te dio para navegar por la vida. No existe una personalidad correcta o errónea, existe *tu* personalidad... y ésta juega un rol importante en determinar la manera en que impactas al mundo para Dios. (El Capítulo 5... sí, ya estás entrando en la onda, los capítulos van en el orden de las letras de FORMA.)

A – Representa **A**plicando tus **Experiencias**

Pregunta:

¿Cuáles han sido tus experiencias positivas y negativas? ¿Qué has aprendido de ellas?

Tú tienes un pasado; todos tenemos uno. Existen partes de tu pasado (tanto las positivas como las dolorosas) que Dios utilizará de grandes maneras en el futuro. Dios no desaprovecha nuestros dolores: tu pasado te enseñará lecciones que contribuirán a tu futuro. (¿A que no adivinas qué capítulo? Así es, todo este descubrimiento está en el Capítulo 6. Luego de que mi hijo de dieciséis años leyera esto, me dijo: «Papá, esos comentarios sobre los capítulos no dan gracia». Puede que tenga razón, pero los dejé ahí para molestarlo).

Ahora tómate 30 segundos e intenta grabar en tu mente cómo está compuesta tu FORMA. Pasaremos mucho tiempo mirando estas cinco frases clave:

F: Fomentando tus **Dones Espirituales**

O: Organizando tus **Pasiones**

R: Reconociendo tus **Habilidades**

M: Ministrando a través de tu **Personalidad**

A: Aplicando tus **Experiencias**

> «Cuando Dios creó a los animales, le dio a cada uno de ellos un área de especialidad. Algunos animales corren, algunos saltan, otros nadan, otros cavan y otros vuelan. Cada animal tiene un rol particular que desempeñar, basados en la manera en que fueron moldeados por Dios. Lo mismo pasa con los humanos. Cada uno de nosotros fue diseñado, o moldeado, de manera especial por Dios para hacer cosas particulares».
> Traducido de: Rick Warren, «*The Purpose Driven Church*» (Libro disponible en español bajo el título «Una iglesia con propósito»).

Antes de pasar al próximo capítulo, quiero que pienses en las siguientes palabras: «No tengo que esperar hasta que sea adulto para descubrir mi FORMA». ¡Entiéndelo, por favor! Eres un joven único y maravillosamente complejo que tiene respuestas a estas preguntas sobre su FORMA ahora mismo. Tu FORMA aún no está del todo moldeada, pero eso también es cierto para los adultos (me parece que Dios continúa puliendo nuestra FORMA durante toda la vida). Pero quiero desafiarte a que busques las respuestas a estas preguntas en un intento de descifrar cómo Dios te ha moldeado para que impactes al mundo de la forma única en que tú lo puedes hacer.

Si nunca logras entender tu FORMA, puede que termines haciendo cosas que Dios nunca quiso o diseñó para ti. Si tus dones no concuerdan con tu rol en la vida, puede que te sientas desanimado (¿has escuchado alguna vez la frase «como un sapo de otro pozo»?). Puede resultar frustrante para ti y para quienes te rodean. Si no te tomas el tiempo necesario para descubrir y entender tu FORMA especial, puede que produzcas resultados limitados con tu vida, malgastando muchos talentos, tiempo y energía. Yo sé que tú no quieres eso para tu vida.

Mientras te preparas para descubrir y aprovechar al máximo la FORMA única que Dios te ha dado, quiero que regreses a la galería de arte que visité durante mi época de universitario. Imagina por un momento que un retrato de tu vida (no de tu rostro) cuelga como una obra maestra original dentro de la galería. ¿Cómo y qué querrías que se viera en ese cuadro? ¿Cuáles serían los detalles especiales? ¿Cómo se llamaría la obra?

No te desalientes si el retrato se parece algo confuso, demasiado recargado, o borroso. El buen arte toma tiempo. No te desalientes si aún no eres capaz de ver con claridad la obra maestra que Dios está creando en y a través de ti. Dios promete que «...el que comenzó tan buena obra en ustedes la irá perfeccionando hasta el día de Cristo Jesús» (Filipenses 1:6). ¡Dios seguirá trabajando en ti hasta que el trabajo artístico de tu vida sea como Jesús mismo! (Lee Efesios 4:13). Si eres como yo, Dios tiene aún mucho trabajo por hacer.

> Si eres como yo, Dios tiene aún mucho trabajo por hacer.

Espero que te lances hacia este proceso de descubrimiento con emoción y entusiasmo, lleno de confianza por saber que el Gran Maestro es quien sujeta el pincel. Piensa en cada uno de los siguientes capítulos como un color específico que Dios usará para traer claridad a la obra maestra que es tu vida. A medida que la obra maestra vaya tomando forma, date cuenta de que tu FORMA personal es un regalo de Dios para ti.

Oro para que disfrutes de nuestro tiempo juntos.

PARA REFLEXIÓN, DIARIO PERSONAL O DISCUSIÓN EN GRUPOS PEQUEÑOS

Al final de cada capítulo encontrarás una sección especial, diseñada para ayudarte a pensar un poco más sobre lo que aprendiste. Si estás estudiando este material junto a otras personas dentro de tu grupo de jóvenes, en tu escuela o en algún otro grupo pequeño, este es un buen espacio para compartir unos con otros lo que están aprendiendo.

Al comenzar esta aventura, tómate algunos minutos y escríbele una carta a Dios en este espacio, pidiéndole que te ayude a ver cuán especial eres y cuál es el propósito específico que tiene para ti. Asegúrate de agradecerle por crearte como una obra maestra original. (Y no olvides firmarla y ponerle la fecha).

Querido Dios:

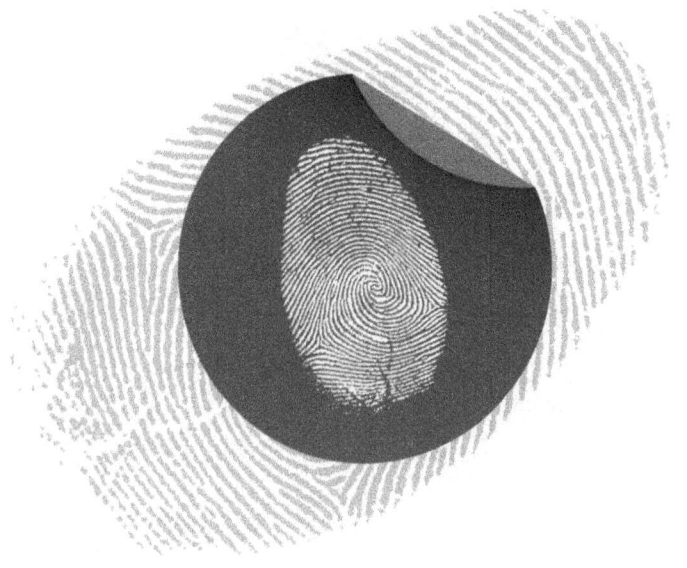

FORMA
FOMENTANDO TUS DONES ESPIRITUALES

«Yo solía pensar que los regalos de Dios se encontraban en anaqueles –uno encima del otro– y que, cuanto más alto creciéramos, más fácil se nos haría alcanzarlos. Ahora me di cuenta que los regalos de Dios están en anaqueles... y que cuanto más nos ponemos de rodillas, más recibimos».

J.C. Ferdinand Pittman

HAS RECIBIDO REGALOS GRANDIOSOS

¿Sigue siendo la Navidad una época mágica para ti? Si eres como la mayoría de los jóvenes que conozco, esperas ansioso esta celebración, aún escribes una lista de los regalos que desearías recibir, y probablemente estás contento con la mayoría de las cosas que encuentras debajo del árbol de Navidad. A medida que fuiste creciendo, este día festivo perdió un poco de su sorpresa y de su magia, ya que descubriste que Papá Noel no existe (oh... espero no ser el primero en darte las malas noticias). Y probablemente te has dado cuenta de que ofrecer regalos puede ser tan gratificante como recibirlos. Pero, seamos honestos, todos disfrutamos de recibir regalos. Lo admito, ¡me fascina recibir cosas gratis!

Al igual que tú, mis adolescentes esperan recibir buenos regalos el día de Navidad, pero ya no se levantan con la primera luz del día para ver si Papá Noel se comió las galletas y se tomó el vaso de leche que le dejaron como regalo de bienvenida. Ellos «ya captaron el asunto» en lo que respecta a la Navidad, y se dan cuenta de que si dice «*de parte de Papá Noel*» en un regalo, es la frase en código para «comprado por mamá y papá, quienes aún continúan intentando ser adorables y sentimentales» (o, en el caso de nuestro hogar, «comprado por mamá... y papá lo está viendo por primera vez pero está intentando aparentar que tuvo que ver algo con la compra»). Pero aunque «la etapa de Papá Noel» haya pasado, todavía me sonrío cuando veo a nuestros hijos abrir los regalos que les hemos preparado. Como padre, adoro la sensación de saber que nuestros regalos han hecho felices a nuestros hijos. Podría decirse que me produce tanta satisfacción dar estos regalos como la que les produce a mis hijos el recibirlos.

Para continuar con nuestra charla sobre la FORMA, quiero que hagas algo que puede parecer algo raro al principio. Imagina un árbol de Navidad gigante en medio del cielo. (Bueno, supongo que primero tendrás que imaginar cómo es el cielo, ¿no?). Imagina a todos los hijos de Dios (éstos seríamos tú y yo, entre otros) corriendo hacia el árbol para encontrar, cada uno, una caja envuelta en papel de regalo con nuestro nombre. Mientras todos abren y disfrutan de sus regalos, Dios está sentado al lado de una gran chimenea celestial (no, esto no está en la Biblia, pero tenme paciencia por un instante), y está sonriendo y riendo. Está contento porque nos conoce tanto que sabe exactamente lo que cada uno de nosotros necesita. Él no es como esa tía rara que no conoces del todo y que siempre para Navidad te compra la misma ropa interior de animalitos. Dios te ha elegido un regalo personalizado que es lo mejor para ti, porque te conoce mejor que nadie y sabe qué es lo mejor para ti.

Esta escena puede parecerte loca, pero de cierta manera está muy próxima a lo que Dios ha hecho contigo. Cuando Dios, el Artista, comenzó a diseñar la obra maestra de tu vida, él tomó algunas decisiones sobre qué regalos (o dones, que quiere decir lo mismo) recibirías. Y la Biblia nos dice que todas las personas que siguen a Cristo reciben regalos espirituales especiales y únicos (estos regalos se han hecho conocidos con el nombre de «dones espirituales») que ayudan a estos creyentes, o seguidores, a cumplir con los planes de Dios para ellos. Dios no compró estos regalos en la tienda de «*Todo muy barato*», ni empaquetó de vuelta algún regalo que otra persona no quiso, para dártelo a ti. Aquel que mejor te conoce escogió el (o los) regalo(s) apropiado(s) para ti, los que te quedarían perfectos. Y colocó estos regalos en tu interior cuando entró a tu vida y se convirtió en tu Señor y Salvador. Si eres cristiano y tienes una relación personal con Dios, entonces ¡felicitaciones! ¡Has recibido sus regalos! Estoy muy emocionado de que estés leyendo este capítulo y de que estés aprendiendo más acerca de los dones espirituales... sobre todo de *tus* dones espirituales.

> Aquel que mejor te conoce escogió el (o los) regalo(s) apropiado(s) para ti, los que te quedarían perfectos.

Estos dones espirituales dados por Dios vienen con ciertas expectativas. Se espera que tú: (1) *Descubras* tus dones espirituales, (2) *Desarrolles* tus dones espirituales y (3) *Dirijas* estos dones espirituales hacia su uso. Cuando haces esto, Dios sonríe como el padre más feliz en el día de Navidad.

Una de mis mayores alegrías al pastorear jóvenes ha sido ver a los chicos pasar por este proceso de descubrimiento, desarrollo y dirección de sus dones espirituales. A lo largo de los años, he visto literalmente a miles de jóvenes darse cuenta de que no son «tan solo» adolescentes que son «el futuro de la iglesia» y que tienen que «esperar a crecer» para hacer una diferencia para Dios. En la Biblia no dice nada acerca de que se requiera cierta edad para tener dones espirituales. Como cristiano que eres, «el futuro de la iglesia» es ahora, sin importar tu edad. Me encanta cuando los jóvenes se toman el tiempo y el esfuerzo necesarios para realmente intentar descubrir sus dones espirituales.

> Como cristiano que eres, «el futuro de la iglesia» es ahora, sin importar tu edad.

Yo no sé cuánto has aprendido sobre tus dones espirituales gracias a tus papás o a los líderes de tu iglesia, pero es importante entender los dones espirituales si vas a descubrir la FORMA única con la que Dios te ha creado a ti. Si ya has aprendido mucho acerca de los dones espirituales (y si ya has descubierto *tus propios* dones espirituales), ¡genial! Tal vez puedas ayudar a algunos amigos a desenvolver su caja de dones. Pero para muchos adolescentes los dones espirituales son un tema nuevo y misterioso, y se sienten un poco inseguros respecto de cómo encarar el proceso de descubrimiento.

DONES ESPIRITUALES: UN ASUNTO SERIO

Dios quiere que entiendas la idea general que hay detrás de los dones espirituales porque quiere que pongas tus dones en uso. Él no quiere que te sientas confundido o frustrado. De hecho, en 1 Corintios 12:1, el apóstol Pablo les dice a los cristianos: «En cuanto a los dones espirituales, hermanos, quiero que entiendan bien este asunto». Como Pablo, yo tampoco quiero que estés «desinformado» porque te perderías algunas cosas increíbles que Dios ha planificado para tu vida.

Pero, estando aquí sentados juntos en el café, yo puedo percibir que aún estás un poco confundido por toda esta idea de los dones espirituales. Te entiendo completamente... estoy seguro de que yo tenía la misma expresión en mi rostro cuando comencé a estudiar los dones espirituales en un intento por descubrir los míos. Ya que he sido yo el que más ha hablado hasta ahora, permíteme tomar un sorbo de mi té helado y hacer una pausa para escuchar tus preguntas...

> Los dones espirituales funcionan de manera espiritual. Solo pueden ser usados en su máximo potencial cuando se recibe poder del Espíritu Santo, que habita en la vida de cada creyente. En otras palabras, uno debe tener una relación personal con Jesucristo antes de recibir estos dones espirituales.

¿QUÉ SON LOS DONES ESPIRITUALES?

¡Tremenda pregunta! Permíteme contestarla enfocándome en lo que *no* son. Primeramente, un don espiritual no es lo mismo que un talento natural. Puede que seas un excelente atleta, músico, artista, orador o escritor; pero esos no son dones espirituales. (Discutiremos más sobre los talentos naturales en el Capítulo 4). Todos los seres humanos tienen talentos y habilidades, pero solo los cristianos reciben dones espirituales de parte de Dios.

En segundo lugar, los dones espirituales no son características de la personalidad. Ser extrovertido y sociable no es un don espiritual. Tampoco lo es ser callado y reservado. Estos son elementos de tu personalidad y más piezas del rompecabezas de tu FORMA única (y sobre eso hablaremos más en el Capítulo 5).

Tercero, los dones espirituales son diferentes del fruto del Espíritu descrito en Gálatas 5. ¿Has escuchado algo acerca del fruto del Espíritu? Es amor, alegría, paz, paciencia, amabilidad, bondad, fidelidad, humildad y dominio propio. El fruto del Espíritu en esta lista de Gálatas revela la presencia de Dios en tu vida, y este «fruto» puede verse a través de tu carácter: tiene que ver con quien tú eres. Los dones espirituales también revelan la presencia de Dios en tu vida, pero se diferencian en que pueden ser vistos en tu contribución (lo que tú haces) más que en tu carácter (lo que tú eres).

Entonces, ¿qué *son* los dones espirituales? Creo que la mejor definición que jamás haya escuchado es una muy simple: Los dones espirituales son destrezas especiales que Dios da a los individuos para que sirvan a los demás.

> Los dones espirituales son destrezas especiales que Dios da a los individuos para que sirvan a los demás.

Antes de continuar, tómate un minuto para leer nuevamente esta definición, y reescríbela con tus propias palabras en este espacio:

¿POR QUÉ REPARTE DIOS DONES ESPIRITUALES?

¡Otra buena pregunta! Dios nos da dones espirituales para poder usarnos para ayudar a otros. En 1 Corintios 12:7, Pablo dice que «A cada uno se le da una manifestación especial del Espíritu para el bien de los demás». Esto quiere decir que tus dones espirituales no son medallas, ni condecoraciones, ni trofeos para que estén en tu vida quietos, en exhibición. ¡En lo absoluto! Dios no te regaló dones espirituales para que pudieras ser popular o exitoso ante los ojos de tus amigos o de tu cultura.

Tus dones espirituales no son para tu beneficio en lo absoluto... tus dones espirituales son para beneficiar a otros. Y tú debes administrar esos dones para que sean utilizados apropiadamente y no se desperdicien.

La Biblia nos dice que «Cada uno ponga al servicio de los demás el don que haya recibido, administrando fielmente la gracia de Dios en sus diversas formas» (1 Pedro 4:10). Debes usar tus dones espirituales en maneras que ayuden y bendigan a otros.

¿TODOS LOS CRISTIANOS RECIBEN DONES ESPIRITUALES?

¡Adoro responder esta pregunta! ¡Sí! ¡Sí! ¡Sí! Si tienes una relación personal con Dios, has sido galardonado con al menos un don espiritual (tal vez con más). El apóstol Pablo dijo: «En realidad, preferiría que todos fueran como yo. No obstante, cada uno tiene de Dios su propio don: éste posee uno; aquél, otro» (1 Corintios 7:7). Dios concede dones espirituales a todos los cristianos, no solo a los cristianos «famosos», a los cristianos «mayores» o a los cristianos «ricos»... ¡sino a todos los cristianos! Dios dice que recibiste un don, incluso si no sientes que sea así, por lo tanto, nuevamente: ¡felicitaciones!

¿CÓMO PUEDO SABER SI ESTOY UTILIZANDO MI(S) DON(ES) ESPIRITUAL(ES)?

Ahora estás haciendo preguntas verdaderamente prácticas. ¡Bien hecho! Aquí hay algunas formas en las que puedes distinguir si estás utilizando los dones espirituales que Dios te ha dado:

1. Otras personas reciben ayuda cuando usas tus dones.
2. Dios es honrado cuando usas tus dones (o sea, no se trata de que tú recibas crédito o gloria).
3. Te sientes bien, realizado y usado por Dios cuando diriges tus dones para servir a otros.

Estas tres preguntas pueden ayudarte a comenzar a evaluar si estás usando tus dones o no. Pero la mejor manera de descubrir, desarrollar y dirigir tus dones espirituales es conectarte con otros cristianos para que puedan verte y experimentar tus dones en acción. Encuentra un ministerio juvenil en el cual te puedas involucrar: uno en el que crezcas espiritualmente, en el que te sientas desafiado y en el que puedas servir. Encuentra una iglesia que te ayude a ministrar a otros (y a expresar tus dones espirituales) ¡ahora mismo, siendo aún adolescente! Luego, a medida que busques servir, podrás ir dándote cuenta de si otros se están beneficiando con tus dones espirituales. Recuerda: una de las claves al usar tus dones espirituales para servir y ayudar a otros es hacer que Dios quede como el héroe.

DESENVOLVIENDO TUS DONES ESPIRITUALES

¿Te imaginas dejar pasar la Navidad sin abrir todos esos regalos que están debajo del árbol? Es una idea medio desquiciada. Sin embargo, es lo que hacen muchos cristianos cuando se trata de sus dones espirituales. Ellos *entienden* lo básico acerca de sus dones espirituales, pero nunca *experimentan* la alegría de darles uso a sus dones. No permitas que esto te pase a ti. Desenvuelve tu(s) don(es) espiritual(es) y comienza a usarlos, o nunca te darás cuenta de la increíble vida que el Artista está moldeando para ti.

Cuando, de adolescente, escuché acerca de los dones espirituales por primera vez, pensé que podía ser que tuviera el don de la enseñanza. No estaba seguro, así que busqué ubicarme en una posición donde tuviera la oportunidad de enseñar. Luego, después de enseñar, reflexionaba sobre aquellas preguntas:

(1). ¿Son ayudadas las personas cuando yo enseño?

(2). ¿Es Dios honrado cuando yo enseño? (¿Es él el héroe?)

(3). ¿Me siento realizado y utilizado por Dios cuando enseño?

Cuanto más enseñaba, más parecían estas preguntas apuntar hacia un «sí» unánime. Pero la cuestión no terminó ahí: continué buscando situaciones donde pudiera enseñar. Cuando aún era estudiante de secundaria, comencé a enseñar en la Escuela Dominical, como maestro de otros estudiantes más jóvenes. Fue a través de esa experiencia que me convencí de que Dios me había concedido el don espiritual de la enseñanza.

> Tus dones espirituales no son en absoluto para tu beneficio... son para beneficiar a otros.

Si lo deseas, puedes realizar un «test» de dones espirituales para ayudarte a identificar con qué te ha galardonado Dios. Sin embargo, estas pruebas no pueden reemplazar la experiencia de verdaderamente servir y ministrar a otros y de tratar de descifrar por tu propia cuenta los dones que Dios te ha dado. Hay muchas personas que dicen: «Descubre tu don espiritual y luego sabrás a qué ministerio perteneces». Eso no está mal, pero me parece que hay una manera mejor. Yo te motivaría a que comiences a servir y experimentar con diferentes oportunidades ministeriales, y entonces te será más fácil identificar tus verdaderos dones espirituales. Hasta que no estés realmente involucrado en el servicio, no sabrás cómo descubrir, desarrollar y dirigir tus dones espirituales.

Mientras sirves, continúa el proceso de descubrimiento aprendiendo lo que la Biblia enseña acerca de los dones espirituales. Necesitas saber qué son los dones espirituales. Estudia estos cinco pasajes de la Biblia y haz una lista de los diferentes tipos de dones espirituales en los que Dios parece hacer hincapié:

1. Tenemos dones diferentes, según la gracia que se nos ha dado. Si el don de alguien es el de profecía, que lo use en proporción con su fe; si es el de prestar un servicio, que lo preste; si es el de enseñar, que enseñe; si es el de animar a otros, que los anime; si es el de socorrer a los necesitados, que dé con generosidad; si es el de dirigir, que dirija con esmero; si es el de mostrar compasión, que lo haga con alegría. (Romanos 12.6-8)

2. A unos Dios les da por el Espíritu palabra de sabiduría; a otros, por el mismo Espíritu, palabra de conocimiento; a otros, fe por medio del mismo Espíritu; a otros, y por ese mismo Espíritu, dones para sanar enfermos; a otros, poderes milagrosos; a otros, profecía; a otros, el discernir espíritus; a otros, el hablar en diversas lenguas; y a otros, el interpretar lenguas. (1 Corintios 12:8-10)

3. En la iglesia Dios ha puesto, en primer lugar, apóstoles; en segundo lugar, profetas; en tercer lugar, maestros; luego los que hacen milagros; después los que tienen dones para sanar enfermos, los que ayudan a otros, los que administran y los que hablan en diversas lenguas. (1 Corintios 12:28)

4. Él mismo constituyó a unos, apóstoles; a otros, profetas; a otros, evangelistas; y a otros, pastores y maestros... (Efesios 4:11)

5. Practiquen la hospitalidad entre ustedes sin quejarse. Cada uno ponga al servicio de los demás el don que

haya recibido, administrando fielmente la gracia de Dios en sus diversas formas. (1 Pedro 4:9-10)

De estos cinco pasajes puedes extraer una lista de 20 dones espirituales que parecen mencionarse. (La lista puede variar un poco de acuerdo con la traducción que utilices).

Yo los he listado aquí abajo. Ten en cuenta que están en orden alfabético... no en orden de eficacia:

Administración	Hospitalidad
Animar	Interpretación
Apostolado	Lenguas
Ayudar	Liderazgo
Conocimiento	Milagros
Dar	Misericordia
Discernimiento	Pastoreo
Enseñar	Profecía
Evangelismo	Sabiduría
Fe	Sanidad

FORMA

DESENVOLVIENDO *TUS* DONES ESPIRITUALES

Para comenzar a descubrir tus propios dones espirituales, echa un vistazo a la sección de recursos especiales sobre dones espirituales en la página 191 (Apéndice A). Allí encontrarás algunas explicaciones adicionales sobre cada uno de los dones de la lista anterior, las que te ayudarán a comprenderlos mejor y a reflexionar sobre cuáles de estos puede que tengas. A medida que intentas descubrir los dones espirituales que Dios te ha dado, pídele que él te revele

> claramente tus dones espirituales y cómo puedes usarlos para su gloria. Cuando termines de leer la lista y de responder «sí», «no» o «tal vez», entonces pasa a la página «F» de tu perfil FORMA y complétala con cinco dones que crees que es posible que tengas (ver la página 115). Luego, regresa aquí y continúa leyendo.

INVOLÚCRATE

Ten en cuenta que contestar estas preguntas iniciales es solo el comienzo. Las respuestas sugerirán algunas posibilidades de lo que pueden ser tus dones espirituales. Las preguntas fueron escritas por humanos, no por Dios. Así que recuerda que la mejor manera de descubrir tus dones espirituales es mediante el contexto del servicio a otros y la búsqueda de guía y confirmación de parte del cuerpo de Cristo (es decir, de otros cristianos). Por favor, experimenta con estos dones sirviendo a otros. Cuando sirvas en un ministerio que encaja con tus dones espirituales, experimentarás realización y satisfacción (resultados). Pero si observas que con frecuencia terminas sintiéndote cansado, frustrado y vacío por tus esfuerzos, puede que ese sea un indicador de que estás sirviendo fuera de tu área de dones.

SERVIR CON AMOR

El apóstol Pablo dice que nuestros dones deben ser expresados por medio del amor. Cada vez que hablaba sobre los dones espirituales también hablaba sobre la importancia del amor. Por ejemplo, 1 Corintios 12 y 14 habla sobre los dones espirituales, pero entre estos dos capítulos Pablo incluyó unas palabras importantes sobre el amor:

> Si hablo en lenguas humanas y angelicales, pero no tengo amor, no soy más que un me-

tal que resuena o un platillo que hace ruido. Si tengo el don de profecía y entiendo todos los misterios y poseo todo conocimiento, y si tengo una fe que logra trasladar montañas, pero me falta el amor, no soy nada. Si reparto entre los pobres todo lo que poseo, y si entrego mi cuerpo para que lo consuman las llamas, pero no tengo amor, nada gano con eso. (1 Corintios 13:1-3)

Pablo nos dice que puede ser que tengamos los dones espirituales más grandiosos y valiosos, pero que estos dones son inservibles sin el amor. Siempre que sirvas, hazte esta pregunta: «¿Quién se beneficia con mis acciones?». Si tus acciones benefician a otros, entonces estás sirviendo con amor. Pero si *tú* eres la persona que más se beneficia con tus acciones, entonces debes cambiar algo... porque puede que tu servicio tenga propósitos egoístas. La vida que Dios usa es una vida de amor.

EVITA LAS TRAMPAS

A medida que comienzas a bendecir a otros por medio de la expresión de tus dones espirituales, toma en consideración algunas de las trampas más comunes que el enemigo de Dios (Satanás) puede usar para que tropieces y pierdas efectividad. Lo he visto suceder muchas veces en la vida de adolescentes que están ansiosos de ser usados por Dios.

TRAMPA 1: COMPARACIÓN

Esta es una difícil para muchos chicos. Los jóvenes que tienen dones espirituales que los hacen brillar o destacarse de manera especial (como los dones de liderazgo e instrucción, por ejemplo) pueden tender a compararse con otros y desarrollar una actitud orgullosa. Por otro lado, los jóvenes cuyos dones espirituales son menos visibles (como los dones de compasión, hospitalidad, etc.) pueden sentir que las comparaciones producen una sensación de insignificancia. Ninguna de estas comparaciones es buena, saludable o bíblica. Dios no crea arte de segunda clase, ni concede regalos de segunda clase. Puede que tu don espiritual sea menos visible, o puede que sea un regalo que suela atraer atención hacia ti. Cualquiera sea el caso, no caigas en la trampa de creer que algunas personas son más importantes por los dones que tienen.

TRAMPA 2: PROYECCIÓN

Cuando esperas que otros se destaquen en las mismas áreas que tú, estás «proyectando» tus dones en otros. Está bien si tienes el don de la administración y si siempre estás organizado y enfocado. Pero si estás trabajando con un grupo de músicos (con perdón a mis amigos guitarristas y bateristas), te darás cuenta de que ellos tienen dones espirituales muy diferentes. Si «proyectas» tus dones de administración sobre ellos, probablemente termines sintiéndote frustrado, resentido u orgulloso. Todos fuimos creados de manera distinta: no caigas en la trampa de creer que todos tenemos los mismos dones. Sé tú quien Dios quiso que fueras *tú*, y permite a los demás ser lo que Dios quiso que *ellos* fueran. Ese es el plan de Dios.

TRAMPA 3: ENGAÑO

No es de sorprender que una de las trampas de Satanás involucrara el *engaño*. Él puede manipularte, haciéndote creer que tienes ciertos dones que Dios en realidad no te ha dado, y con esto desviarte de desarrollar áreas para las que sí has recibido dones. Enfócate en Dios cuando busques descubrir los dones espirituales que él te ha dado y la manera de usarlos para su gloria.

Busca algunos amigos cercanos que te puedan ayudar a mantenerte enfocado; dales autorización para que te frenen si ven que te sales del camino, para que puedas evitar estas trampas.

Como dije antes, la mejor manera de evitar estas trampas es hacer que Dios sea el héroe en todo lo que haces, y verte a ti mismo como su ayudante. Cuando servimos con esta mentalidad, la vida es mucho más fácil.

FORTALECIENDO TUS DONES ESPIRITUALES

No importa cuáles sean, es esencial que busques oportunidades para poner en práctica tus dones y mejorar el modo de usarlos. Si tienes el don de la enseñanza, sigue aprendiendo nuevas técnicas de enseñanza. Si el liderazgo es parte de tu exclusiva mezcla de dones espirituales, aprende a ser el mejor líder y siervo dentro de tu ministerio juvenil. Si la hospitalidad, la compasión o el motivar a otros son tu fortaleza, encuentra nuevas maneras para cuidar, ayudar, e incluir a otros dentro de tu grupo de jóvenes, tu iglesia, tu escuela y tu comunidad.

Comienza a servir hoy. No esperes a tenerlo todo ya resuelto; si haces eso, nunca descubrirás, desarrollarás ni dirigirás tus dones espirituales.

Dios tiene grandes planes para tu vida. Él quiere usarte en maneras que muchos jóvenes no pueden siquiera soñar (retiro lo dicho; algunos de ustedes *pueden* soñar con grandes cosas... ¡pero Dios puede soñar para ti cosas aun más grandes!). Desenvolver tus dones espirituales puede convertirse en el primer gran paso para encontrar el rol específico de Dios para ti.

«No pretendas que Dios complete todos los espacios en blanco. No esperes que él remueva toda la incertidumbre. Date cuenta de que es posible que él en realidad aumente la incertidumbre y permita que tu camino sea difícil, solo para que al final sepas que no fueron tus dones sino su poder fluyendo a través de tus dones lo que hizo que se cumpliera su propósito en tu vida.»

Traducido de: Erwin McManus, «*Seizing Your Divine Moment*» (Libro disponible en español bajo el título «Atrape su momento divino»).

Es muy importante que entiendas la F de tu FORMA; sin embargo, tus dones espirituales son solo una parte de la manera en que Dios te ha moldeado para hacer cosas grandes para su Reino. En nuestro próximo capítulo hablaremos sobre las cosas que mueven tu corazón. Identificarás las cosas que más te apasionan.

Una de mis pasiones es pasar el rato con jóvenes como tú. Parece que me estoy quedando sin té frío. Ordenemos más bebidas y continuemos nuestra charla...

PARA REFLEXIÓN, DIARIO PERSONAL O DISCUSIÓN EN GRUPOS PEQUEÑOS

¿Qué te enseñó este capítulo acerca de los dones espirituales?

¿Qué dones espirituales crees que Dios te ha dado? Si todavía no lo has hecho, lee las descripciones de los dones espirituales en la página 191.

Piensa en dos amigos que puedan ayudarte a descubrir tus dones espirituales, e invítalos a que te ayuden a pensar cuáles pueden ser esos dones espirituales.

1.

2.

Identifica dos acciones que puedas llevar a cabo durante este próximo mes para desenvolver tus dones espirituales y comenzar a utilizarlos con otros. (Consejo: ¡Comienza sirviendo a las personas más cercanas a ti!).

1.

2.

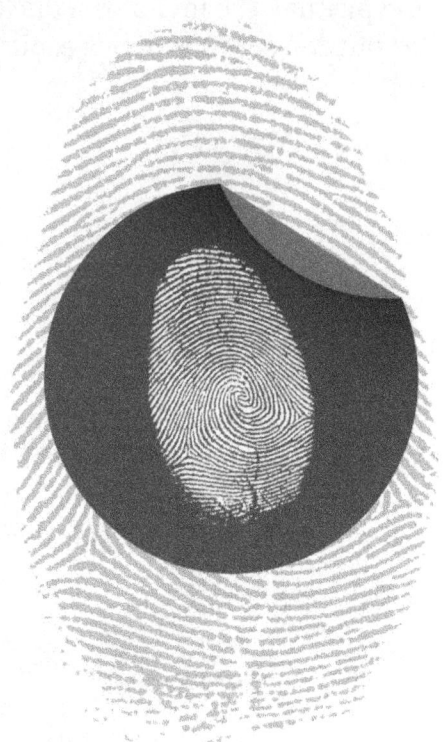

FORMA
ORGANIZANDO TUS PASIONES

DESCUBRIENDO TUS TALENTOS PARA DEJAR UNA MARCA EN EL MUNDO

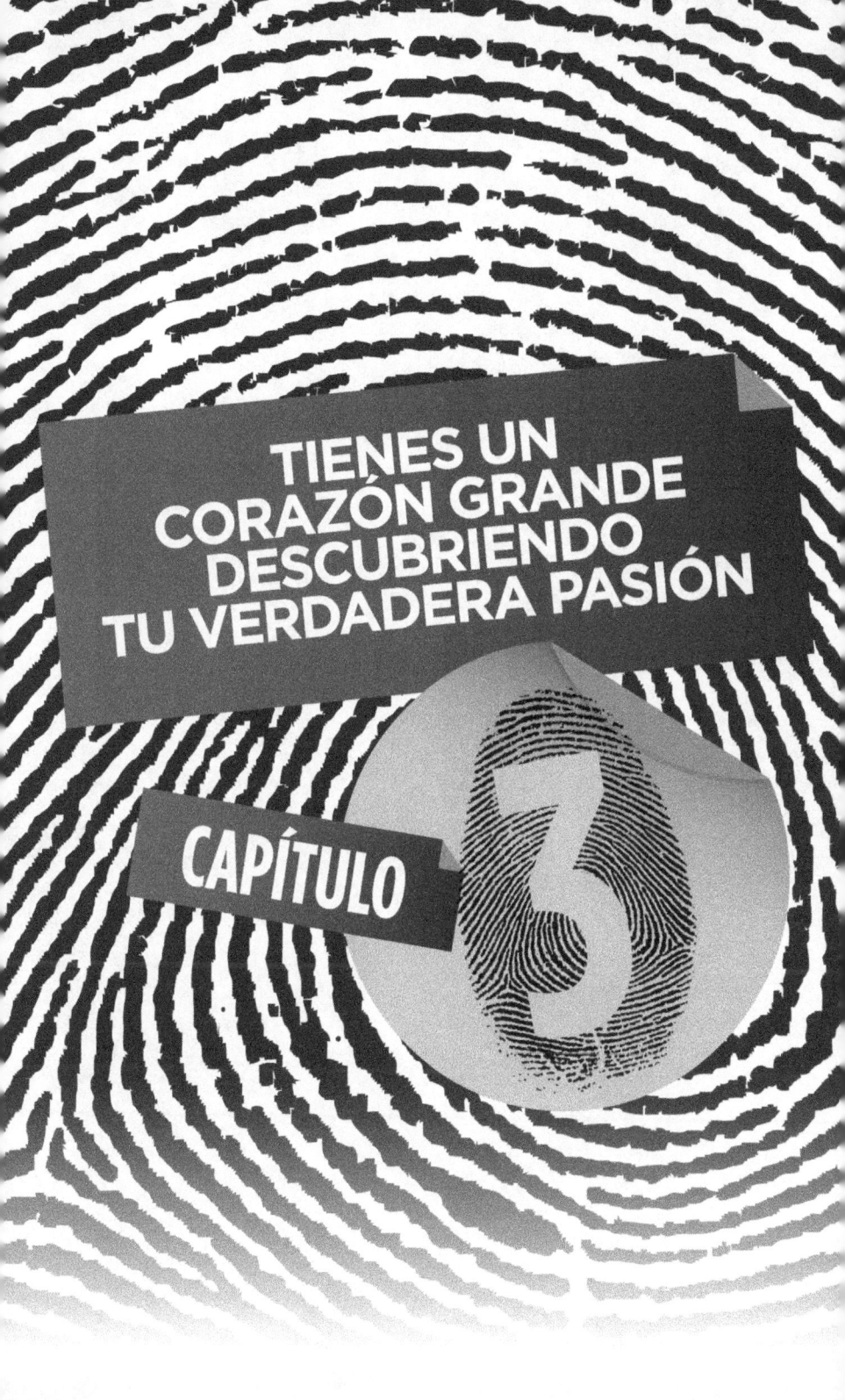

«El problema central no es que seamos demasiado apasionados para las cosas malas, sino que no somos lo suficientemente apasionados para las cosas buenas.»

Larry Crabb

PERMITE QUE TU CORAZÓN LATA PARA DIOS

Probablemente nunca has escuchado hablar de Millard Fuller, pero su historia puede sonarte familiar. Como muchas otras personas jóvenes, su mayor deseo era ser exitoso y adinerado. A los 29 años ya había cumplido con esas metas. Sin embargo, aprendió a la fuerza que ser millonario no solucionaba todos los problemas de la vida. Su salud, relaciones e integridad estaban sufriendo porque él estaba muy obsesionado con su carrera. Cuando se dio cuenta de que su vida iba en la dirección incorrecta, Millard decidió hacer algo al respecto. Así que tomó algunas decisiones importantes acerca de su fe y renovó su relación personal con Cristo Jesús.

Este nuevo compromiso espiritual llevó a Millard y a su esposa a tomar otras decisiones mayores: vendieron todas sus cosas, le dieron dinero a los pobres y comenzaron a buscar una manera de hacer la diferencia con sus vidas. En determinado momento, se cruzaron con una comunidad cristiana en Georgia donde las personas intentaban vivir las enseñanzas de Jesús de manera práctica.

Mientras los Fuller estaban allí, Millard comenzó a soñar acerca de maneras de poder construir casas para familias de pocos recursos económicos. En 1973 los Fuller se mudaron a una comunidad muy sufrida, en África, para probar su idea. Su plan funcionó, y lograron construir hogares para personas que no hubieran podido hacerlo de otro modo. Luego del éxito de su proyecto en África, quedaron convencidos de que podría aplicarse y funcionar en todo el mundo. Ese fue el comienzo de una organización llamada *Hábitat para la Humanidad*.

Tal vez hayas escuchado alguna vez acerca de Hábitat para la Humanidad. Mediante los esfuerzos de esta organización, personas de todo el planeta (entre ellas, personalidades destacadas, como el presidente de los Estados Unidos, Jimmy Carter) se han unido para construir hogares para gente necesitada alrededor del mundo. El éxito fue tal que, en 1996, el presidente de los Estados Unidos, Bill Clinton, concedió a Millard Fuller la Medalla Presidencial de la Libertad, el honor civil más grande de la nación. Clinton denominó a Hábitat para la Humanidad «el servicio comunitario continuo más exitoso en la historia de los Estados Unidos». ¡Vaya reconocimiento!

Mi responsabilidad es usar lo que Dios me ha dado para ayudar a su gente necesitada.

Hoy día, miles de familias de bajos recursos económicos tienen hogares porque un hombre ordinario con un nombre gracioso (Millard) siguió a Jesús y comenzó a soñar sobre cómo podía hacer la diferencia. «Veo la vida como un regalo y como una responsabilidad. Mi responsabilidad es usar lo que Dios me ha dado para ayudar a su gente necesitada», dijo Millard.

Durante nuestro tiempo juntos, quiero que pienses sobre ese mismo reto: ver tu vida como un regalo y como una responsabilidad. Tu vida es un regalo de Dios. Pero ese regalo viene con la responsabilidad de hacer algo con ella, la responsabilidad de hacer la diferencia. Para lograr esto, hay una pregunta importante que debes contestar: ¿Cuáles con las pasiones que Dios te ha dado? Tu respuesta será de ayuda a medida que continúas descubriendo tu FORMA.

LA PASIÓN ES BUENA

Dios te creó para que fueras una persona apasionada. Si eres como todo el resto de los jóvenes que conozco (incluidos aquellos que corren por mi casa), tu vida está llena de búsquedas apasionadas. Puede que tu pasión sean los deportes, o la música. Puede que sientas una inmensa pasión por los videojuegos, o que adores pintar, o dibujar, o bailar. No es del todo sorprendente que nuestra conversación en el café se vaya desviando hacia las cosas que más te apasionan. A todos nos gusta hablar de las partes de la vida que ocupan los espacios más grandes en nuestros corazones, las cosas que más nos emocionan. Así que, ¿qué es lo que realmente te apasiona hacer a *ti*?

Nunca olvidaré las visitas al médico cuando mi esposa estaba embarazada de cada uno de nuestros tres hijos. Gracias a la tecnología podíamos ver a nuestro bebé, que aún no había nacido, moverse dentro de una pequeña pantalla. ¡Era genial! Pero la señal más dramática de vida era escuchar el latido del corazón y ver las palpitaciones. Ese latido era una señal, simple pero hermosa, de que nuestro hijo estaba vivo.

> «El corazón es dónde se encuentra tu centro, dónde anhelas servir, ante qué altar deseas ofrecer tus talentos. Los dones son lo que tú eres. El corazón es dónde es más probable que apliques lo que eres. El corazón tiene que ver con una empatía, una atracción, una inclinación hacia cierto grupo de personas, hacia un área de especialidad, o hacia una clase de servicio en particular. Evaluar tu corazón te ayuda a determinar dónde puedes usar tus dones mejor, dónde deseas servir, y a quiénes deseas servir.»
> Traducido de: Tom Paterson, «*Living The Life You Were Meant To Live*» (Viviendo la vida que se suponía que vivieras).

¿Sabías que cada uno de nosotros tiene un palpitar (un ritmo cardíaco) único, así como cada uno tiene huellas digitales únicas, huellas oculares únicas y huellas vocales únicas? Es impresionante que, de los millones de personas que han existido, nadie haya tenido un palpitar exactamente como el tuyo.

De la misma manera, Dios te ha dado un «palpitar» *emocional* único que se acelera cuando piensas acerca de los temas, las actividades o las circunstancias que más te interesan. Te preocupas por algunas cosas y no por otras. Eso es la pasión: te revela la naturaleza de tu corazón y puede proveer pistas de por dónde puede que quieras comenzar a servir.

Las tres preguntas que siguen pueden ayudarte a descubrir tu palpitar emocional único y tu pasión:

1. ¿Qué es lo que realmente amas hacer?
2. ¿A quiénes te encanta servir?
3. ¿En la conquista de qué causa te encantaría colaborar?

Echemos una mirada más profunda a cada una de estas preguntas:

1. ¿QUÉ ES LO QUE REALMENTE AMAS HACER?

¿Qué tipo de cosas corren por tu mente cuando sueñas despierto? No me refiero a las fantasías que tienes cada día en tu clase de química, pensando en esa chica sexy o en ese chico atractivo, ni a las fantasías extrañas que tienes luego de comerte un burrito tarde en la noche. Estoy pensando en esos momentos cuando imaginas lo que podrías lograr en la vida si no hubiera limitaciones ni reglas ni miedos.

Si Dios está dirigiendo tu vida, entonces muchas de tus fantasías tendrán que ver con ideas y pensamientos que él ha colocado dentro tuyo. Muchos de esos anhelos y sueños están en la superficie de tu vida, y los puedes reconocer con facilidad porque los conoces muy bien y piensas en ellos con frecuencia. Tal vez solo necesites bajar tu ritmo acelerado de vida por un rato, para que puedas reflexionar y hablar sobre ellos. Pregúntate:

- ¿Qué es lo que realmente disfruto hacer?
- ¿Qué pensamientos ocupan mis fantasías?
- ¿Qué cosas son las que me motivan a levantarme del sofá?
- Luego de responder a las primeras tres preguntas: ¿Cómo puede Dios usar lo que amo hacer para ayudarme a servir a otros?

Puede que ya tengas una idea más clara de cómo Dios puede usar tus pasiones y dones para ayudar a otros. Pero si todavía te resulta un poco confuso, está bien; recuerda, esto es un proceso.

Personalmente, el ayudar a adolescentes a transformarse en jóvenes adultos dueños de su propia fe es lo que hace que mi corazón palpite. ¡Vivo para eso! Es una pasión que me mantiene enfocado y en búsqueda de modos de poder hacerlo con más frecuencia. Pero para poder reconocer esa pasión, yo tuve que pasar por un proceso de descubrimiento similar al que estamos recorriendo ahora juntos. Tuve que buscar preguntas y hacerme preguntas para poder realmente descubrir mis pasiones.

Puede que te tome tiempo descubrir tu pasión, pero no te rindas. Al comenzar esta travesía para descubrir qué FORMA te está dando el Artista, puede que no veas de inmediato el gran cuadro general. No hay problema, no te desanimes. Persigue tus pasiones, y las maneras en que Dios te usará continuarán revelándose.

2. ¿A QUIÉNES TE ENCANTA SERVIR?

Otra manera de descubrir tus pasiones es pensar en los lugares y las personas a quienes te encanta servir. Puede que encuentres que deseas servir a tus pares. Piensa en esto: cuando caminas por los corredores de tu escuela, ¿qué ves? ¿Ves mareas de adolescentes divididas en grupos distintos? ¿Los atletas, los cerebritos, los músicos, los solitarios, y las chicas que visten siempre a la moda? ¿O ves personas individuales que necesitan respuestas para los desafíos y el dolor que enfrentan a diario? Demasiados de nosotros caminamos por la vida de forma casual, mirando solo las fachadas externas de los demás, y nos perdemos tanto las grandezas y cualidades únicas, como los dolores y alegrías que cada persona está experimentando. Pero si miras por debajo de la superficie, comenzarás a ver mucho más que intereses y tendencias. Comenzarás a ver individuos con sus alegrías y tristezas personales. ¿Ves tú los corazones de las personas? ¿Puedes verte a ti mismo haciendo algo para marcar la diferencia en la vida de tus pares?

Piensa en esto: tus compañeros de clase, tu familia, tus amigos y tus vecinos no son relaciones accidentales en tu vida. Dios ha puesto a estas personas cerca de ti y te ha dado la oportunidad de servirles. ¡En serio! Hazte esta pregunta: «¿A cuál de las personas que tengo de manera habitual cerca de mí puede estar llamándome Dios a servir?»

> Tus compañeros de clase, tu familia, tus amigos y tus vecinos no son relaciones accidentales en tu vida.

Piensa en las diferentes personas que hay en tu comunidad o en tu escuela. Piensa en ese estudiante que se sienta solo todos los días en la hora del almuerzo. Puede que sientas que Dios te llama a que vayas a hablarle a ese compañero de clase, o a que te separes de vez en cuando de tus amigos para pasar un rato con aquel joven solitario. O tal vez te interese ayudar a que otros jóvenes cristianos descubran algunas de las grandes verdades de la Biblia. O tal vez te sientes cómodo y «te enciendes» alrededor de los niños. Tal vez deseas dirigir a un grupo de tus amigos para llevar a cabo proyectos de servicio comunitario. Pregúntate:

- ¿A quién o quiénes trajo Dios a mi vida con un propósito específico?
- ¿A qué grupo de pares me siento inclinado a servir?
- ¿Cómo puedo servir a otros de una manera que me permita usar mis dones espirituales?
- ¿Existe algún otro tipo de personas a las que yo podría disfrutar servir? Si es así, ¿a quiénes?

3. ¿EN LA CONQUISTA DE QUÉ CAUSA TE ENCANTARÍA COLABORAR?

Conozco a una joven que ha desarrollado una intensa pasión por confrontar el asunto del VIH/SIDA alrededor del mundo. Ella ha escogido como su misión personal el aprender sobre esta pandemia mundial (las estadísticas son descorazonadoras) y hacer todo lo que esté en sus manos para reducir la propagación de esa enfermedad. Su sueño es ver al VIH/SIDA desaparecer del planeta en su generación. Ella sigue su palpitar único para hacer una diferencia eterna para Dios. Eliminar el VIH se ha convertido en su causa: el enfoque de su pasión y la meta que quiere alcanzar.

¿Recuerdas un poco más atrás, cuando hablamos de cómo Dios te creó como una obra maestra original? Es importante que lo recuerdes mientras das estos primeros pasos para buscar las áreas que te apasionan. Tu camino puede verse distinto al camino que tome algún amigo. Así es como se supone que sean las cosas. Eres único, ¡así que tu ministerio será único! No sientas que tienes que seguir la pasión de otra persona. Dios quiere meterse dentro tuyo y hacer que tu corazón espiritual palpite de manera que refleje tu personalidad única. Pregúntate:

- ¿Qué cosas hacen que mi corazón palpite más rápido?
- ¿En qué lugar podría yo provocar el mayor impacto para Dios?
- Si el tiempo no fuera una preocupación, ¿cómo me gustaría servir a Dios?

Aquí tienes una lista de algunas de las causas que distintos jóvenes se han comprometido a conquistar para la gloria de Dios. Mientras revisas la lista, si una o más de éstas te llama la atención, rodéala con un círculo. Si el problema o la situación que hace que tu corazón realmente palpite no está en la lista, escríbelo en el espacio provisto. Este puede ser el comienzo de investigaciones más profundas.

Aborto / la santidad de la vida

Maltrato / violencia

Adopción

Alcoholismo

Niños en riesgo

Problemas de comportamiento compulsivo

Agua potable para todo el mundo

Depresión / heridas autoprovocadas

Discapacidades y apoyo

Divorcio

Abuso de drogas / recuperación

Educación
Cuidado de los ancianos
Ética
Problemas ambientales
Cuidado de la salud y estado físico
VIH / SIDA
Personas sin hogar
Injusticias contra las mujeres
Alivio de la deuda internacional
Leyes y/o sistema judicial
Soledad
Mentores / hermanos mayores / hermanas mayores
Esclavitud contemporánea
Trabajar por la paz
Política en general / políticas específicas
Pobreza y hambre
Justicia racial y étnica
Sexualidad y/o cuestiones de género
Apatía espiritual
Violencia

CÓMO PUEDE LA PASIÓN ENCAJAR CON FUTURO

Cuando Brandon Ebel era joven, le encantaba la música y todo lo relacionado con la música. Cuando su familia iba de visita a las casas de otras personas, sus padres tenían que recordarle que no tocara el estéreo ni ningún otro aparato electrónico, ya que siempre estaba apretando o girando botones para escuchar más música.

«Nuestra meta aquí es recuperar esa aventura que Dios escribió en tu corazón cuando te creó. Tus anhelos más profundos revelan tu llamado más profundo, la aventura que Dios tiene para ti. Debes decidir si quieres o no cambiar una vida de control fruto del miedo, por una vida de riesgos fruto de la fe...
Así que, si tuvieras permiso para hacer lo que realmente quieres hacer, ¿qué harías? Solo comienza a hacer una lista de todas las cosas que anhelas profundamente hacer con tu vida, grandes y pequeñas. Y recuerda: *No te preguntes «¿Cómo?»*... El «*¿Cómo?*» pertenece al departamento de Dios. Él te está preguntando «*¿Qué?*» ¿Qué es lo que está escrito en tu corazón? ¿Qué es lo que te hace sentir vivo? Si pudieras hacer lo que siempre has querido hacer, ¿qué sería?».
Traducido de: John Eldredge, «*Wild at Heart Field Manual*» (Salvaje de Corazón, Manual de Campo)

La pasión de Brandon por la música y la tecnología siguió creciendo durante sus años escolares y universitarios. Después de su graduación, consiguió trabajo en una pequeña firma discográfica en California del Sur. Encontró el lugar perfecto para mezclar su amor por la música y su don espiritual de administración.

Brandon no se sintió «llamado» a ser pastor en una iglesia, pero sí descubrió el plan único de Dios para su vida. Más adelante lanzó su propio sello discográfico, y hoy en día *Tooth and Nail Records* y *BEC Recordings* son unas compañías sumamente exitosas con algunos grandes músicos cristianos... y todo se hace para la gloria de Dios.

Brandon no se mantuvo a un lado, esperando a ser «lo suficientemente grande» o a tener «experiencia suficiente» como para perseguir el sueño que Dios le había dado. El tomó lo que tenía y se lo entregó a Dios... y Dios lo ha utilizado de formas maravillosas.

Si Brandon se sentara junto a nosotros en este café, apuesto a que tú lo escucharías con atención y pensarías: «Ese es el tipo de gran aventura que quiero para mi vida. Quiero tomar aquello que amo y usarlo para hacer una diferencia para el Reino de Dios».

¿Quieres vivir una vida extraordinaria? Descubre tus pasiones y comienza el camino para ver cómo van encajando con tus dones espirituales. Un día mirarás hacia atrás a tus años de juventud y quedarás sorprendido de lo que fuiste capaz de hacer para Dios porque estabas dispuesto a descubrir qué es lo que amas y a hacerlo para la gloria de Dios.

F O R M A

DESCUBRIENDO LAS PASIONES DE TU CORAZÓN

Ahora tómate un tiempo para ir a la página 117 (a «organizando tus pasiones» de tu perfil FORMA particular) y responde las preguntas que encontrarás acerca de aquello que hace latir tu corazón. Por favor, no te saltees este paso: llenar tu perfil FORMA realmente te ayudará a descubrir cómo las pasiones que Dios ha puesto en tu corazón se pueden usar para servirle. Después de que hayas contestado esas preguntas, regresa aquí y continúa leyendo.

Entonces, ¿cuál es la próxima pieza del rompecabezas FORMA? En el Capítulo 4 verás cómo Dios puede tomar tus habilidades únicas y sumarlas a este increíble trabajo que está creando en ti con tus dones espirituales y tu corazón apasionado. Descubrirás cómo tus habilidades añaden gran color y claridad a la obra maestra original que eres *tú*.

PARA REFLEXIÓN, DIARIO PERSONAL O DISCUSIÓN EN GRUPOS PEQUEÑOS

¿Qué descubriste hoy acerca de tu palpitar emocional?

Piensa en dos personas sabias, capaces de brindar apoyo y motivación, que puedan afirmar lo que has descubierto acerca de ti mismo. Invítalas a que te ayuden a entender más a fondo el trabajo del Artista en tu vida.

1.

2.

Identifica dos pasos que puedas tomar en las próximas semanas para expresar tus «pasiones» ayudando a otros.

1.

2.

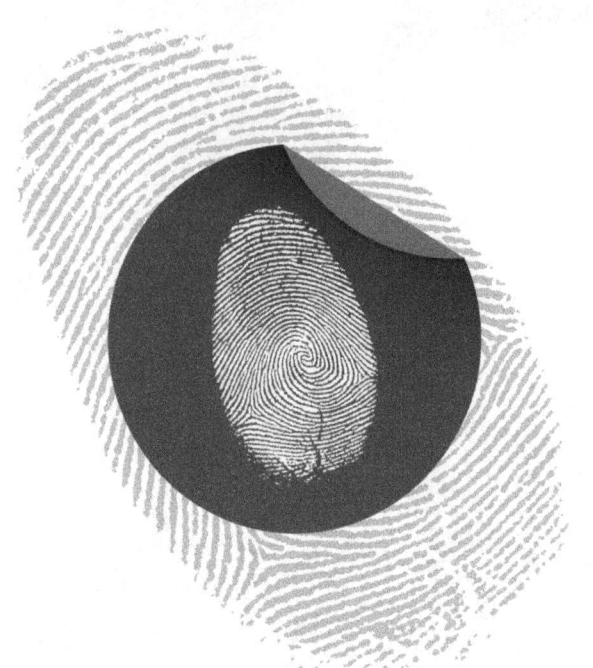

«Muéstrame una persona que no conozca sus talentos o que no los haya desarrollado para servir a otros, y te mostraré una persona que tiene poco sentido de propósito, de significado, de motivación y de valor.»

Tom Paterson

DIOS TE HA DADO FORTALEZAS INCREÍBLES

Tal vez ya tuviste «la conversación» con algún consejero. Probablemente sabes a qué tema me refiero: «Si pudieras lograr que te pagaran por hacer cualquier trabajo en el mundo, el que desees, ¿qué trabajo escogerías?». Ya puedo imaginarme algunas de las respuestas que ha escuchado el consejero:

- Jugador profesional de videojuegos
- Compradora de ropa en el centro comercial
- Probador de teléfonos móviles
- Degustador de comida
- Control de calidad de almohadas

La pregunta que los consejeros hacen acerca de tu futuro es una pregunta verdaderamente muy importante. Las pasiones de las que hablamos en el último capítulo tienen mucho que ver con cómo responderemos a la pregunta de nuestro consejero. Pero además de tus pasiones hay otro tema que el consejero puede estar tratando de explorar: ¿Qué es lo que puedes hacer bien? ¿Cuáles son tus habilidades? ¿Cuáles son tus destrezas? ¿Cuáles son tus talentos? ¿En qué cosa eres bueno por naturaleza?

Tengo un amigo que me contó que una vez tomó varias pruebas para determinar el trabajo que mejor le vendría en el futuro, y su resultado fue «cualquier trabajo donde se necesite un bajo rendimiento». Fue gracioso, y estoy seguro de que fue un invento suyo... y tampoco creo que esto te describa a ti. Por naturaleza, tú eres bueno en algo: ¿qué es?

He conocido algunos estudiantes de «logros insuficientes», pero *nunca* he conocido a alguien que no tuviera algún tipo de talento. He conocido jóvenes que *pensaban* que no tenían talento. He conocido jóvenes cuyos padres no creían que ellos tuvieran algún talento. He observado «amigos» burlándose de la falta de talento de algún compañero en cierta área. He hablado con algunos jóvenes que se sentían inadecuados porque no eran tan habilidosos o talentosos como su hermano o hermana mayor, y a quienes los maestros parecían recordarles todo el tiempo sus puntos débiles. Pero *nunca* he conocido a un joven o una jovencita que no fueran talentosos.

Cada joven que conozco es talentoso en algo. En ocasiones, los talentos resultan evidentes a todos. En ocasiones, están escondidos. Pero los talentos están ahí.

Puede que no tengas una carrera, ni una familia, y que ni siquiera seas mayor de edad aún, pero de todos modos haces cada día una elección importante: «¿Utilizaré mis habilidades (o talentos) naturales para el beneficio de Dios o para mi propio beneficio?». De hecho, probablemente hagas esa elección más de una vez cada día, sin tan siquiera darte cuenta.

> «¿Utilizaré mis habilidades (o talentos) naturales para el beneficio de Dios o para mi propio beneficio?».

Hace poco leí una frase que llamó mi atención: «La diferencia entre un día ordinario y uno extraordinario no es tanto lo que haces sino para quién lo haces». Es por eso que es tan importante que te sientes y reflexiones sobre tus talentos y habilidades naturales. Los talentos que tienes pueden ayudarte a descubrir lo que Dios quiere hacer con tu vida. ¡Son pistas para ti! Dios no desperdicia habilidades... de hecho, con frecuencia hace corresponder nuestras pasiones con nuestras habilidades.

Así que, aquí estamos tú y yo todavía en el café, hablando sobre todo esto, y yo te lanzo una pregunta simple: «¿Qué haces bien?». No te estoy pidiendo que fanfarronees, solo sé honesto. ¿Qué te sientes cómodo haciendo? ¿Cuándo te sientes más exitoso, o que logras mejores resultados? Dios te ha dado habilidades para hacer bien ciertas cosas. ¿Cuáles son esas «ciertas cosas» en tu vida?

Puede que ya hayas descubierto muchas de las cosas que te encanta hacer, y encontrarás muchas más a medida que pase el tiempo. Con frecuencia son cosas que esperas con anticipación ¡y que verdaderamente disfrutas hacer! Las personas a tu alrededor saben que disfrutas estas cosas porque sonríes, te diviertes, terminas lo que empiezas y no molestas mucho a tus padres cuando las haces. Estas son las cosas que puede que Dios quiera que uses en tu vida para su honor. Es por eso que es tan importante que te preguntes: «¿En qué cosas me destaco naturalmente?».

¿Eres alguien que reúne a sus amigos para trabajar por una causa?

¿Disfrutas los grandes desafíos que necesitan ser conquistados?

¿Te inspira la música?

¿Eres bueno construyendo cosas?

¿Eres la persona a quien se dirigen tus compañeros de clase para pedir ayuda con sus proyectos?

¿Ves a un extraño como «un amigo que aún no has conocido»?

¿Siempre se te ocurren nuevas ideas para mejorar las cosas?

¿Eres bueno para ayudar a personas necesitadas?

Quiero que pienses en aquello para lo que eres bueno y que te encanta hacer. ¿Por qué? Porque cuando lo descubras lo puedes añadir a la mezcla (junto a los dones espirituales y a las pasiones) para ayudarte a considerar cómo podrá usarte Dios.

> El enfocarte en tus fortalezas e intereses no intenta fomentar tu orgullo al hablar sobre lo calificado que estás

Hace poco tuve esta charla con un joven de nuestra iglesia, y él me dijo que la cuestión de sus talentos y destrezas lo tenía preocupado. Me preguntó: «¿No es acaso el orgullo algo malo para los cristianos?». Es una pregunta válida y justa.

Sí. Las Escrituras están llenas de advertencias acerca de los peligros del orgullo. Pero el enfocarte en tus fortalezas e intereses no intenta fomentar tu orgullo al hablar sobre lo calificado que estás. De hecho, es más una conversación sobre Dios que una conversación sobre ti. Cuando hablas acerca de tus talentos estás alabando al artista, y sus diseños y planes para tu vida.

> Se dice que casi un 80 por ciento de las personas van a trabajar cada lunes sabiendo que no utilizarán sus destrezas esa semana. ¡No te permitas formar parte de esta estadística! Pregúntales a tus padres o a otros adultos cercanos a ti si utilizan todas sus destrezas en su trabajo diario. Si responden que no, pregúntales por qué.

He conocido muchos adultos que no se hicieron estas preguntas o que no encontraron las respuestas correctas cuando eran jóvenes. Ahora que son adultos, es casi como si hubieran olvidado para qué son buenos. Se enfocan en hacer lo que «se supone» que hagan (sí, los adultos sienten presión de grupo también) y con frecuencia ignoran los talentos y destrezas que Dios ha puesto en sus vidas.

Tengo que ser honesto: estar alrededor de este tipo de adultos puede ser agotador. No quisiera que terminaras como ellos. Quiero que descubras la libertad que recibes cuando persigues las cosas que encajan con la manera en que Dios te hizo. No quiero que mires atrás a tu vida, o a tu carrera, o a tu familia, y te arrepientas.

ABRAZA LAS COSAS QUE AMAS HACER

Déjame contarte acerca de una jovencita llamada Annie. Ella se involucró como voluntaria en el ministerio juvenil de nuestra iglesia. Trabajaba con músicos y vocalistas en el equipo de música, pero esto no la llenaba tanto de satisfacción como ella esperaba. Era una buena cantante, pero tenía más habilidades naturales como artista. Disfrutaba su rol, pero no lo amaba.

Pasando tiempo con los chicos en nuestro ministerio juvenil, Annie descubrió que había una gran cantidad de adolescentes que alababan a Dios por medio del arte. Pero cada uno de esos jóvenes sentía como si fuera el único que alababa por medio de los talentos artísticos. Se sentían solos en su alabanza. Dado que Annie también era artista, se dio cuenta de que podía ayudarlos. Así que tomó el talento que Dios le había dado, y creó un ministerio de arte para ayudar a los jóvenes a demostrar su amor y asombro ante Dios de maneras nuevas y creativas.

El talento de Annie ayudó a que otros se acercaran a Dios y, al mismo tiempo, ella se sintió más satisfecha que nunca. Disfrutaba de su rol musical pero amaba su rol artístico. ¡Hizo un cambio y todos ganaron! Utilizó sus talentos como artista para honrar *al Artista*. Me encanta como ella lo pone en palabras: «Yo podría estar haciendo arte en cualquier parte, pero he encontrado mayor satisfacción y propósito cuando lo hago para Dios y ayudando a otros jóvenes».

Mientras piensas en tus propios talentos y habilidades, es importante que consideres no tan solo lo que *puedes* hacer, sino también lo que *amas* hacer. Piensa qué es lo que te haría feliz si tuvieras que hacerlo para siempre. En tan solo un minuto, te pediré que vayas a la parte posterior del libro y que te fijes en una larga lista de habilidades especiales. Es una lista creada por algunos amigos: no es una lista completa de habilidades, pero hay como 50 ideas para que puedas comenzar a pensar. Dios ha repartido muchas más habilidades, pero «cerebro» no es una que yo haya recibido en abundancia, así que imagino que tú podrás pensar en otras habilidades que no estén en la lista. Dios no estaba limitado a dar solo unos cuantos talentos: Él ha repartido docenas de ellos.

Antes de que vayas a la lista, quiero que consideres brevemente las tres respuestas que podrías darle a cada ítem de la lista:

> *¡LO AMO!* No puedes imaginar la vida sin esta actividad. Hace que tu día sea genial. Si te dieran la opción, lo harías todo el tiempo (lo siento, ¡dormir no cuenta como una habilidad!). Estas son habilidades que es posible que en el futuro sean parte de tu carrera o de tu gran meta en la vida.

¡*ME GUSTA!* Puedes disfrutarlo, pero no necesitas hacerlo con regularidad para sentirte satisfecho. Tu actitud hacia esto es: «Puedo tomarlo, o puedo dejarlo. Me da igual». Puede que disfrutes construir cosas, o dirigir conversaciones en un grupo de amigos, pero no es algo que te satisfaga a un nivel profundo de la misma manera en que lo hacen las habilidades del grupo de «¡Lo amo!».

¡*PREFIERO VIVIR SIN ELLO!* Estas acciones te dejan sintiéndote cansado y decepcionado en comparación con las cosas que amas hacer. Cuando piensas en estas actividades, tu respuesta inmediata es buscar una manera para evitar hacerlas. Tal vez eres capaz de llevar a cabo estas tareas de forma adecuada, pero tienes poco o ningún deseo de hacerlas.

FORMA

FIJÁNDOTE EN TUS TALENTOS

Ahora ve a la lista de habilidades del apéndice B en la página 204. A medida que lees cada una de las habilidades, piensa por unos cuantos segundos si la amas, si te gusta o si prefieres vivir sin ella. Recuerda: la meta es descubrir las cosas que *amas* hacer, y no solo las cosas que *puedes* hacer. Después de que hayas completado esa sección, haz una lista de tus cinco habilidades preferidas en la página 118 de tu perfil FORMA. Luego regresa aquí y sigue leyendo.

A mi modo de ver, la vida es demasiado corta para conformarse con hacer cosas que solo nos gustan o de las que podamos prescindir. ¿Por qué no enfocarnos en aquellas cosas que amamos hacer? ¿Te imaginas una vida definida por hacer aquello que amas hacer? Dios te ha dado las herramientas para hacer una diferencia con tu vida, ¡entonces hazla!

Miguel Ángel (el artista, no la Tortuga Ninja) dijo: «El mayor peligro para muchos de nosotros no es que no podamos alcanzar nuestros objetivos sino que son demasiado bajos y alcanzables». Un día, cada uno de nosotros se presentará ante Dios y rendirá cuentas de cuán bien hemos usado los talentos y habilidades únicos que él nos dio. Eso asusta un poco, ¿no? ¿Qué hace falta para que puedas vivir tu vida esperando que un día Dios diga «Bien hecho»?

Ahora que te has tomado algo de tiempo para pensar en tus habilidades, el próximo paso en tu vida es encontrar algunas maneras de usar tus habilidades para hacer la diferencia en tu familia, tu escuela y con tus amigos. Detente un momento y echa un vistazo a tu lista. ¿Ves algunas habilidades que sirvan a la perfección para ayudar a tus amigos? ¿Hay algo allí que sea genial para hacer un impacto en tu escuela? ¿Hay formas en las que puedas utilizar estas habilidades para ayudar a tus padres o para servir en tu iglesia? Te garantizo que puedes encontrar una manera si te dedicas a pensarlo seriamente.

Antes de que pasemos al próximo capítulo, permíteme ofrecerte unas palabras de motivación. Eres bastante joven y puede que todavía tengas muchas habilidades *ocultas*. Una vez que «envejezcas» como yo (desafortunadamente tengo la misma edad que tus padres... ¡o puede que más!) tendrás una idea bastante clara de las habilidades que tienes *y* de las habilidades que no tienes. (Sí, he tenido que sacrificar mis sueños de ser un atleta profesional y de ganar la competencia de canto *American Idol*).

¿Cómo puedes encontrar esas habilidades ocultas? Explora. Sirve. Ministra. Intenta. Prueba. Descubre tus habilidades ocultas, desarróllalas, y dirígelas hacia el servicio a otros.

Y, como veremos en el próximo capítulo, en plan de Dios para tu vida no está limitado a tus dones espirituales, tus pasiones y tus habilidades naturales. Él también quiere usar tu personalidad (ya sea normal o extraña) como parte de lo que hagas para él en este mundo. Eso quiere decir que Dios quiere que seas tú mismo, y no una imitación barata de alguien más. ¡Recuerda que eres una obra maestra original!

PARA REFLEXIÓN, DIARIO PERSONAL O DISCUSIÓN EN GRUPOS PEQUEÑOS

¿Qué has aprendido hoy acerca de Dios y de cómo quiere él que apliques tus habilidades?

Escríbele a Dios una nota de agradecimiento por las habilidades naturales que te ha dado.

¿Con qué dos personas puedes conectarte esta semana para charlar sobre las cosas que amas hacer? Lo que ellos te digan puede ayudarte a determinar si tus motivos son buenos o son egoístas.

1.

2.

Identifica dos acciones que puedas realizar la próxima semana para expresar mejor aquello en lo que eres bueno por naturaleza.

1.

2.

Tienes talento

79

FORMA
MINISTRANDO A TRAVÉS DE TU PERSONALIDAD

«El arte de ser el mejor **tú mismo** que puedas ser, es el arte de desarrollar tu personalidad en dirección a la persona que quieres ser... Sé amable contigo mismo, aprende a amarte, aprende a perdonarte, ya que solo cuando tengamos la actitud correcta hacia nosotros mismos podremos tener la actitud correcta hacia los demás.»

Wilfred Peterson

ABRAZA A LA PERSONA QUE DIOS HIZO QUE FUERAS

«No tengo que pararme frente a todos y hablar, ¿verdad? Simplemente no hay manera de que yo pueda hacer eso».

Tyler es un gran tipo. Le encanta ayudar a otros, es sensible a las necesidades de sus amigos y tiene una habilidad increíble para las computadoras. Pero lucha con un sentimiento de inferioridad porque no disfruta el hablar frente a una multitud de gente. Se pone nervioso, olvida lo que tenía que decir, y luego se siente horrible.

¿Por qué un joven tan talentoso se sentiría tan mal consigo mismo? Después de pasar un rato con él (adivinaste, en un café) se hizo evidente que Tyler había quedado atrapado en un juego de comparaciones. Se fijaba en algunos amigos que eran más extrovertidos, que disfrutaban de estar frente a una muchedumbre, y se comparaba con ellos. Creía sinceramente que tenía que ser igual a ellos si en algún momento quería hacer una diferencia en el mundo, o incluso si deseaba ser considerado como un joven «valioso» y con condiciones de liderazgo para el ministerio juvenil de nuestra iglesia.

Traté de ayudar a Tyler a darse cuenta de que no tenía que ser como ellos para ser valorado. Creo que le sorprendió cuando le dije que a todas las personas que yo conocía él les agradaba tal como era y, sobre todo, que Dios lo amaba exactamente como él era. Creo que las luces se encendieron para él en aquel momento. Pero hay muchos otros jóvenes que aún siguen en la oscuridad, porque creen que los jóvenes son valorados por cómo se ven o por cómo actúan frente a mucha gente, o incluso por cómo visten. Esos mensajes llegan desde la cultura o desde tus compañeros de colegio, pero no los encontrarás en la Biblia. Dios le da más valor a las áreas menos visibles de la vida, y quiere que tú seas quien él quiso que fueras... no una imitación barata de alguna celebridad o del chico más popular del equipo de fútbol de tu escuela.

Así como Dios te dio dones espirituales únicos, un corazón con sus pasiones especiales, y una combinación de habilidades que nadie más puede equiparar, tu personalidad también es una pieza única de cómo Dios te hizo. Él creó tu personalidad y te la dio para que la usaras para su gloria. Y sí, incluso si tu personalidad parece algo extraña, no eres un accidente.

El diccionario define a la personalidad como «la combinación de características o cualidades que forman el carácter distintivo de un individuo». Estas características afectan la forma en que piensas, la manera en que sientes y el modo en que actúas. Tus características particulares influencian tu vida entera: cómo tomas decisiones, cómo respondes a situaciones nuevas, cómo manejas los conflictos y resuelves problemas, cómo expresas tus sentimientos, y cómo interactúas con otras personas.

> Dios creó tu personalidad y te la dio para que la usaras para su gloria.

Los «expertos» en personalidad han utilizado métodos creativos para intentar definir características particulares de la personalidad. Un autor caracteriza las diferentes personalidades clasificándolas en categorías de animales, como «castor», «nutria», «perro» o «león». Otro utiliza palabras descriptivas como «popular», «poderoso», «perfecto» y «pacífico» para ayudar a definir los diferentes tipos de personalidad. Incluso existen tests de personalidad que te pueden ayudar a definir y entender tu personalidad particular. Pero todo el mundo está de acuerdo en algo: existen distintas personalidades, y cuando entiendes tu personalidad (con sus pros y sus contras) serás más consciente de cómo interactúas con otros.

Para nuestra conversación no te voy a pedir que realices ningún test de personalidad, ni que camines por el zoológico de personalidades, ni que busques una «etiqueta» que debas usar para demostrar tu particularidad. Pero sí quiero que aprendas a apreciar la diversidad de personalidades... y en especial lo particular que es la tuya.

Afrontémoslo: todos somos diferentes. Camina por cualquier corredor de tu escuela y encontrarás evidencias obvias. Algunas personas se sientan solas a comer su almuerzo y leer un libro. Otros siempre quieren ser el centro de atención y tener un gentío a su alrededor. Estos dos extremos, y todos los que están entremedio, reflejan la realidad de que Dios diseñó personalidades diferentes.

> Tal vez no estés al tanto de que eres una expresión hecha a la medida de un Dios amoroso. Fuiste creado con una combinación única de dones, y con el deseo y la motivación de usarlos para hacer una diferencia en el mundo. Tu vida encierra un sentido. Efectivamente, tienes un futuro emocionante, desafiante y alcanzable, si descubres y abrazas a la persona que fuiste diseñada para ser.

No hay personalidades «buenas» o «malas» para ser usadas por Dios. La iglesia necesita todo tipo de personalidades porque Dios valora la variedad. Dios no creó a las otras personas para complacerte a ti, y no te creó a ti para complacer a los demás. Te creó para complacerse a él mismo. Cuando entiendas la personalidad que Dios te ha dado, harás mejor el trabajo de combinarla con tus dones espirituales, corazón y habilidades para servirle a él.

Aquí tienes dos preguntas importantes sobre las cuales pensar durante nuestra conversación acerca de la personalidad:

1. ¿Cómo te relacionas normalmente con las demás personas?
2. ¿Cómo respondes a las oportunidades?

Tomémonos un poco de tiempo para explorar cada una de estas preguntas.

RELACIONÁNDOTE CON LOS DEMÁS

¿Recuerdas la última vez que entraste a una habitación llena de extraños? ¿Cómo reaccionaste? ¿Caminaste por la habitación y conversaste con las personas con relativa facilidad, preguntando sus nombres e intercambiando números de teléfono? ¿O buscaste un lugar donde pudieras estar más solo o conversando con una o dos personas? Cualquiera de las dos respuestas es buena. Solo son dos formas diferentes en que las personas podrían responder a la misma situación.

No creo en ponerle etiquetas a las personas o en intentar poner a alguien en una caja que «defina» lo que es todo el tiempo. Pero he trabajado con adolescentes por casi 30 años, y he notado que *existen* patrones en las respuestas de los adolescentes a diferentes situaciones. Déjame mostrarte tres diferencias que te ayudarán a descifrar mejor tu personalidad particular.

¿ERES MÁS BIEN...

EXTROVERTIDO O RESERVADO?

Alguien «extrovertido» se siente cómodo con, y prefiere estar rodeado de, grupos grandes de personas y tiende a llenarse de energía en esos ambientes. Por otro lado, una persona «reservada» prefiere interactuar tan solo con unas cuantas personas a la vez, y se siente satisfecho y energizado por una conversación profunda con un amigo. Estas personas se sienten renovadas al tener momentos de silencio y reflexión alejados de otros. ¿Cuál de las cuatro frases que siguen te describe mejor?

Yo tiendo a...

1. buscar maneras de formar parte del grupo.
2. desarrollar relaciones profundas con pocos amigos, no con una gran cantidad de personas.
3. iniciar conversaciones con personas que no conozco.
4. evitar formar parte de grupos grandes.

Si tus respuestas fueron la 1 y la 3, puede que tengas una personalidad más bien extrovertida. De lo contrario, si la 2 y la 4 te describen mejor, probablemente eres más reservado que extrovertido. Dios desea usar a los dos, y (quiero que escuches esto de forma clara nuevamente) ninguno es mejor que el otro.

¿ERES MÁS BIEN...

EXPRESIVO O CONTROLADO?

Las personas «expresivas» comparten sus pensamientos y opiniones abiertamente con otras personas; son capaces de expresarse con facilidad. Las personas que son más «controladas» tienden a no verbalizar tanto sus pensamientos y opiniones, al menos hasta conocer mejor a las otras personas. Nuevamente, identifica tus tendencias por medio de estas cuatro afirmaciones:

Yo tiendo a...

1. sentirme libre de compartir mis sentimientos con personas que recién he conocido.
2. reservar para mí solo mis pensamientos y sentimientos en ciertos momentos.
3. buscar oportunidades para compartir mi vida con otros.
4. no revelar mucho de mí, para que solo unos cuantos amigos cercanos me conozcan verdaderamente.

Si contestaste con las afirmaciones 1 y 3 es probable que disfrutes y te sea fácil compartir tus sentimientos con otros. Si la 2 y la 4 te describen mejor, probablemente eres un poco más controlado con tus sentimientos. Recuerda que Dios quiere usar a ambos tipos.

¿ERES MÁS BIEN...

COOPERATIVO O COMPETITIVO?

Si evitas los conflictos con tus amistades e intentas vivir en forma pacífica con todos, entonces probablemente encajes en la categoría de «cooperativo». Puede que también aceptes las opiniones de otras personas sin discutir demasiado. Pero si disfrutas el superar obstáculos y enfrentar nuevos retos, es probable que tengas una personalidad más «competitiva». Tal vez conozcas chicos en la escuela que no tengan un solo pelo de competitividad, mientras que hay otros que quieren competir en todo («¡Te apuesto a que puedo terminar mi tarea ante que tú!»). ¿Qué hay de ti? ¿Cuáles de las siguientes declaraciones te describen mejor?

Yo tiendo a...

1. estar enfocado en asegurarme de que las personas se sientan cómodas cuando estoy con ellos.
2. darle importancia a los logros.
3. buscar maneras de hacer felices a los demás.
4. aceptar los conflictos, y disfruto ganar.

Si contestaste con la 1 y la 3, probablemente eres más bien cooperativo. Por otro lado, si la 2 y la 4 te describen mejor, probablemente tengas una personalidad más competitiva. Ninguno de los dos grupos es mejor que el otro... ¿verdad? Dios los usará a ambos.

REPASEMOS

Mientras revisas tus respuestas, entiende que está bien si éstas no encajaron en un solo grupo. Cada persona tiene una combinación única de tendencias de personalidad distintas: es eso lo que ayuda a hacer de cada uno de nosotros... bueno, ¡personas únicas! Puede que tu abuela utilice moldes para cortar galletas, pero Dios no los usa. Las preguntas anteriores solo fueron para hacerte pensar sobre las diferencias que *puedes* tener con otros. No se trata de encontrar una etiqueta que encaje contigo.

Así que, basándote en las respuestas que escogiste, ¿cómo te relacionas con las demás personas? Mientras trabajábamos juntos en este libro, Erik y yo fuimos conscientes de nuestras propias y diferentes personalidades. Particularmente yo (Doug) tiendo a ser más extrovertido, expresivo y competitivo. Erik es más reservado y controlado, pero también es competitivo. De hecho, es *bastante* competitivo... él quería hacer una competencia para ver quién tecleaba más rápido. ¿Qué hay de ti?

Sin embargo, la personalidad no se trata solo de cómo te relacionas con otras personas; también tiene que ver con cómo respondes ante distintas oportunidades y situaciones. Pensemos en esto ahora.

RESPONDIENDO A LAS OPORTUNIDADES

El hecho de que hayas leído hasta este punto del libro es una buena señal de que has tomado en serio el querer hacer una diferencia con tu vida y aprender a ser la obra maestra original de Dios. Así que, he aquí una importante pregunta: Si tuvieras que imaginar la manera ideal de poder servir a Dios, la oportunidad perfecta para hacer una diferencia, ¿qué sería? La manera en que respondes a las oportunidades también revela algo sobre tu personalidad. Las próximas preguntas están dirigidas a cómo respondes a las distintas oportunidades.

¿ERES MÁS BIEN...
DE MUCHO RIESGO O DE POCO RIESGO?

Conozco a muchos jóvenes que no pueden estar un día sin tomar un riesgo (y tiendo a evitar a estos jóvenes cuando están detrás del volante). Pero conozco a otros que tienden a tener éxito en situaciones que son más estables y predecibles. En mi ministerio juvenil tengo estudiantes que corren hacia las oportunidades de alto riesgo, mientras que otros huyen lo más rápido que pueden. ¿Hacia dónde corres tú? ¿Disfrutas de situaciones predecibles donde los riesgos son mínimos? ¿O eres un adicto a la adrenalina que prospera en ambientes de mucho riesgo? No se trata de quién quieres ser, se trata de quién eres.

Yo tiendo a...

1. evitar los cambios radicales.
2. disfrutar de ambientes caóticos.

3. tener éxito cuando los riesgos son mínimos.
4. sentirme motivado cuando tengo la oportunidad de superar grandes obstáculos.

Si contestaste con las opciones 1 y 3, es probable que disfrutes las oportunidades en las que los riesgos son pocos. De lo contrario, si las afirmaciones 2 y 4 te describen mejor, entonces disfrutas del riesgo.

¿ERES MÁS BIEN...

DE PERSONAS O DE PROYECTOS?

A mi amigo Josh le encanta la gente. Toda la gente. Estoy seguro de que alguna vez debe haber conocido a alguien que no le cayó bien, pero no puedo encontrar ninguna evidencia para probarlo. Es bueno con las tareas, pero tiende a llenarse más de energía cuando trabaja con personas en vez de con proyectos, o procesos que llevan a proyectos. ¿Y tú? ¿Te emocionan las oportunidades que involucran mucha acción directa con otras personas, o prefieres trabajar detrás de las cámaras en proyectos diseñados para hacer una diferencia?

Yo tiendo a...

1. abrazar las oportunidades de trabajar directamente con otras personas.
2. buscar maneras de completar proyectos.
3. disfrutar cuando me involucro en muchos proyectos a la vez.
4. encontrar mayor satisfacción cuando puedo trabajar con una sola persona o en un grupo pequeño.

Si contestaste con las afirmaciones 1 y 4, probablemente las personas te emocionan más que los proyectos. Sin embargo, si la 2 y la 3 te describen mejor, no te debe sorprender que los proyectos te llenen más de satisfacción que las personas. Cualquiera de las dos alternativas está bien... ¡si ése eres tú en realidad!

¿ERES MÁS BIEN...

SEGUIDOR O LÍDER?

¿Alguna vez pensaste sobre las personalidades diversas que tuvieron los doce discípulos más cercanos a Jesús? Estaba Andrés, un tipo de los que prefieren quedarse detrás del telón, y su hermano Simón Pedro, uno de esos tipos de primera fila. Tal vez disfrutas el seguir la dirección de otra persona (siempre que te esté liderando en la dirección correcta). O tal vez te destacas cuando eres tú el que dirige al grupo. El único modo «correcto» de ser es el que seas tú. ¿De qué manera te creó Dios?

Yo tiendo a...

1. encontrarme con frecuencia dirigiendo a otros.
2. sentirme cómodo cuando puedo seguir a otra persona.
3. determinar la dirección que tomarán los grupos de los que soy parte.
4. experimentar satisfacción cuando ayudo a otros a triunfar.

Si respondiste con las afirmaciones 1 y 3, se ve que debes de disfrutar el liderazgo. Por otro lado, si las declaraciones 2 y 4 te describen mejor, entonces puede que seas una persona que prefiere seguir, ayudar y apoyar a otros. Dios usa a seguidores y a líderes, siempre y cuando ambas cosas se hagan con el corazón apropiado.

¿ERES MÁS BIEN...

DE EQUIPO O SOLITARIO?

Algunas personas son más fuertes que nunca cuando trabajan en equipo, mientras que otros son más efectivos cuando trabajan solos. Todos tenemos una preferencia. El que te sientas mejor haciendo el trabajo solo no quiere decir que no puedas trabajar en equipo... simplemente quiere decir que *prefieres* trabajar solo. ¿Cuál es tu preferencia? ¿Dónde eres más fuerte? ¿Formar parte de un equipo resalta lo mejor de ti? ¿O encuentras que logras un mayor impacto cuando trabajas por tu cuenta?

Yo tiendo a...

1. disfrutar de formar parte de un equipo.
2. buscar oportunidades que me permiten trabajar por mi cuenta.
3. llenarme de energía cuando estoy alrededor de otros.
4. trabajar de manera más eficaz cuando estoy solo.

Si contestaste con las opciones 1 y 3, entonces asegúrate de formar parte de un equipo cuando sirves a otros. Por otro lado, si las declaraciones 2 y 4 te describen mejor, entonces ve tras oportunidades de servicio que te permitan servir primordialmente por tu cuenta. Ya sea una u otra, Dios quiere usarte.

¿ERES MÁS BIEN...

DE RUTINA O DE VARIEDAD?

Muchas personas piensan que *rutina* es una mala palabra, pero solo significa que prefieres actividades con expectativas definidas claramente. Es decir, que no eres fanático de las sorpresas. Si así es como Dios te construyó, ¡súper! También es súper si disfrutas al involucrarte en una amplia variedad de proyectos, responsabilidades y actividades. Entonces, ¿cuál es tu caso?

Yo tiendo a...

1. involucrarme en muchos proyectos al mismo tiempo.
2. preferir completar un proyecto antes de comenzar otro.
3. disfrutar de ser responsable de muchas tareas al mismo tiempo.
4. abrumarme a consecuencia del cambio constante.

Si contestaste con las opciones 1 y 3, entonces la variedad es parte de tu personalidad. Sin embargo, si las alternativas 2 y 4 te describen mejor, entonces puede que disfrutes de formar parte de oportunidades que sean más rutinarias.

OTRO REPASO

Así que, ¿cómo respondes ante las oportunidades? Yo (Doug) normalmente prefiero oportunidades que involucren un alto riesgo. Me encantan los proyectos, puedo dirigir o seguir (si hay un buen líder), prefiero los equipos a trabajar solo, y «variedad» es mi segundo nombre. Erik prefiere oportunidades de poco riesgo, proyectos, dirigir, trabajar por sí solo o con un grupo pequeño, y mucha variedad.

¿Qué hay de ti? No hay una personalidad correcta excepto la personalidad que Dios quiso darte. No se trata de quién quieres ser: la respuesta correcta es quién eres en realidad. ¿Qué cosas hacen de tu día uno lleno de satisfacción?

DESCUBRIENDO TU PERSONALIDAD

Llegó el momento de ir a la página 119 (la «página de la personalidad») de tu perfil personal de FORMA. Allí encontrarás los mismos pares de características de personalidad que hemos discutido aquí. Considera cada uno de los pares y escoge el que MEJOR describa tu preferencia. No dudes en releer las descripciones de este capítulo si te sientes inseguro sobre alguna. Identificar tus propias características personales es una pieza clave para descubrir cómo puedes servir a Dios. Cuando termines, ya sabes dónde estaré esperándote... aquí mismo.

SÉ FIEL A COMO TE HIZO DIOS

Dios te ha creado para trabajos grandes; no tienes que conformarte con trabajos que tan solo sean «buenos». En otras palabras, si eres un sapo y tienes tu propio pozo, no te conformes con el pozo del vecino. Si eres más bien cooperativo, no intentes servir en ambientes que requieran constantemente de tu competitividad. Si disfrutas de la rutina, no te comprometas con asuntos que tengan un cambio constante. No estoy sugiriendo que no puedas cambiar, o incluso tomarte como un desafío el desarrollar otras áreas de tu personalidad. ¡Claro que puedes! Pero aun si te retas a ti mismo para intentar ser más extrovertido (cuando eres reservado por costumbre), siempre te sentirás más «tú mismo» en un ambiente que complemente tu personalidad reservada.

La manera más simple de decir esto es: *sé tú mismo*. No intentes copiar la personalidad de otro. Da lo mejor de ti. Honras a Dios cuando aceptas tu personalidad particular y cuando la usas para su gloria. No pases tus años de juventud intentando re-moldearte para ser como alguien que has visto en la televisión, en alguna revista, o sentado en el asiento adelante tuyo en la clase de Historia. Terminarás desmotivado, decepcionado y vencido. Simplemente sé tú, de la manera que el Artista te creó. Tu personalidad es una parte tan importante de ti como lo son tus dones espirituales, tu corazón y tus habilidades.

A medida que continúes explorando el plan creativo que Dios tiene para tu vida, también te darás cuenta de que tienes unas grandes experiencias de vida que son solo tuyas. Algunas de esas experiencias han sido (o serán) fantásticas, y algunas probablemente serán duras, decepcionantes o desagradables. Ambos tipos de experiencias son importantes. Como veremos en el próximo capítulo, Dios quiere utilizar tus experiencias de vida mientras continúa pintando su obra maestra en ti.

PARA REFLEXIÓN, DIARIO PERSONAL O DISCUSIÓN EN GRUPOS PEQUEÑOS

¿Cuáles son algunas de las cosas que has aprendido acerca de Dios en este capítulo?

¿Cómo resumirías tu personalidad?

¿Qué tipo de oportunidades podrías intentar?

Nombra dos personas que podrían ofrecerte sabiduría, apoyo y motivación si compartes con ellos lo que has descubierto sobre tu personalidad:

1.

2.

¿Qué dos acciones que permitan que tu personalidad brille para la gloria de Dios puedes realizar en la próxima semana?

1.

2.

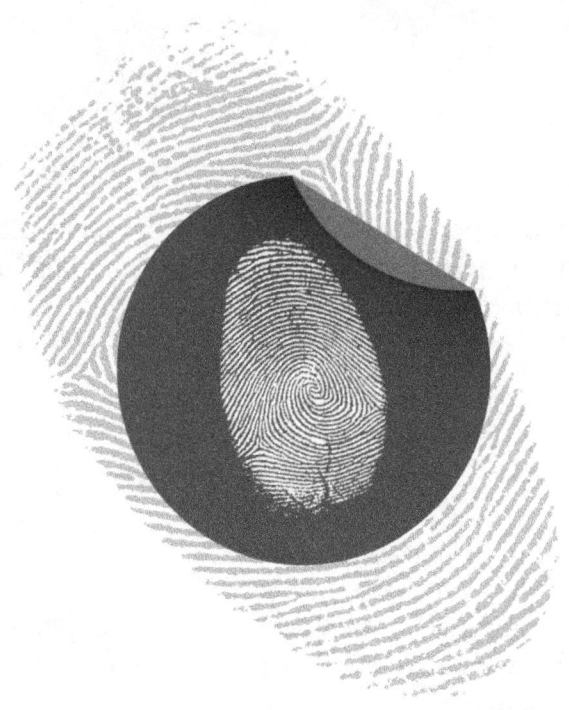

FORMA
APLICANDO TUS EXPERIENCIAS

DESCUBRIENDO TUS TALENTOS PARA DEJAR UNA MARCA EN EL MUNDO

«Las riquezas maravillosas de la experiencia humana perderían algo de su alegría gratificante si no hubiera limitaciones que superar. El momento de llegar a la cima de la montaña no sería tan maravilloso si no hubiera valles oscuros que atravesar.»

Helen Keller

HAY UN PROPÓSITO EN TU PASADO

Si conocieras hoy a Michelle, nunca adivinarías cuán dolorosa fue su niñez. Pareciera como si su hogar siempre hubiera estado lleno de gritos y chillidos. Con frecuencia su padre era abusivo física y verbalmente, y un día, cuando Michelle era adolescente, su padre la golpeó y abusó de ella.

Durante años, Michelle llevó consigo el sufrimiento y las heridas provocados por esta experiencia. Aunque no había sido su culpa, tenía un gran sentimiento de vergüenza por lo que había pasado. Era algo sobre lo que simplemente no quería hablar con nadie. Pero un día, luego de que un amigo la invitó a la iglesia, ella experimentó el amor y el perdón de Dios y descubrió lo que significa tener una relación personal con Jesucristo. Durante los años que siguieron, a medida que experimentaba más y más la sanidad de Dios, también descubrió que el dolor de sus experiencias podía transformarse en bendición para otras personas.

Michelle desarrolló una pasión por hablar con mujeres jóvenes que enfrentaban sus propias dificultades en sus hogares. Se podía sentar y hablar con una niña que había sido violada y compartir sus lágrimas, porque también había compartido su mismo sufrimiento. Pero también podía compartir al Dios que sana las heridas. Las trágicas experiencias de su pasado la moldearon para tener un ministerio poderoso hacia otras personas.

Me siento muy agradecido por la decisión importante que Michelle tomó. Pudo haberse convertido en una persona amargada, y rechazar a Dios por causa de todo el sufrimiento que experimentó. Sin embargo, corrió a sus brazos y permitió que su doloroso pasado se convirtiera en una herramienta utilizada para la bondad de Dios. A través de la fe y de su experiencia, aprendió que el verdadero consuelo solo se encuentra en Dios. Y, ahora, el consuelo que ella encontró es un regalo que comparte con otros.

LA EXHIBICIÓN DEL ARTISTA

En mis conversaciones con jóvenes, a menudo encuentro que uno de los mayores desafíos es el intentar que se tomen un tiempo para reflexionar sobre los eventos de su vida en el pasado. Reflexionar sobre nuestras experiencias no es algo que solemos aprender naturalmente de pequeños. Los niños comúnmente no se sientan a considerar las lecciones que pueden aprender sobre lo que pasó la semana anterior. («Me mojé los pantalones la semana pasada en el jardín de niños... hmm... Me pregunto si el continuar en esta dirección podría llevarme a una vida de vergüenza pública»). Pero, a medida que crecemos y maduramos, es importante aprender a aprender de las situaciones pasadas.

Entrenarte en el hábito de tomar algo de tiempo para reflexionar, no importa cuán monótono pueda ser ese tiempo, beneficiará tu vida al tiempo que continúas desarrollándote como la persona que Dios quiere que seas. Tienes la capacidad de revisar, procesar, examinar y crecer a causa de tus experiencias pasadas. Dios puede utilizar el aprendizaje que recibes de un evento pasado para ayudar a otros. Y eso es cierto incluso para las experiencias que nos causan dolor. Dios no desperdicia el dolor. El artista es capaz de utilizar todos los eventos de tu vida, tanto los agradables como los dolorosos, para crear su obra maestra: tú.

> **Tienes la capacidad de revisar, procesar, examinar y crecer a causa de tus experiencias pasadas.**

Quiero que comiences a pensar en algunos de los «momentos que definieron» tu vida... dicho de otro modo, en esas experiencias que han contribuido para moldearte y que seas la persona que eres hoy. Toma unos cuantos minutos para pensar en ellas y revisarlas en tu mente. ¿Cuáles fueron algunos de los eventos en tu vida que te produjeron las más grandes alegrías o tristezas, los más grandes triunfos o derrotas, las más grandes victorias o las más difíciles luchas? Reflexionar sobre esto te ayudará a definir en quién te has convertido y en quién te estás convirtiendo.

Ahora quiero que imagines que vamos a dejar nuestros asientos en el café y que vamos a caminar unos 100 metros para llegar hasta el cine local. (Deja tu taza en la mesa porque regresaremos pronto a nuestros cálidos asientos). La película de hoy no es una película de acción, ni un drama que nos vaya a hacer llorar, ni una comedia... aunque sí tiene un poco de las tres. La película de hoy consiste en un repaso de los momentos que han marcado tu vida.

Tú y yo hemos escogido los mejores asientos de la sala. Antes de que comience la película de tu vida, conversemos sobre lo que estás a punto de ver. Cada una de las escenas de la película corresponderá a un momento clave de tu vida. Algunas escenas mostrarán situaciones llenas de emoción, logros, amor y satisfacción. Otras escenas revelarán experiencias que te han provocado dolor, frustración, soledad y tristeza. Pero Dios puede usar cada una de esas escenas para moldearte y ayudarte a descubrir cómo puedes hacer una diferencia en su mundo.

A medida que ves cada escena quiero que pienses sobre cómo esa experiencia te impactó. ¿Cuáles son las lecciones aprendidas en cada situación? Si crees que no puedes aprender ninguna lección de tu pasado, quiero que hagas una pausa ahora mismo y le pidas a Dios que te ayude a aprender de tu pasado. Las lecciones están ahí; solo tienes que buscarlas.

> Las lecciones están ahí; solo tienes que buscarlas.

MOMENTOS EN LA CIMA DE LA MONTAÑA

La primera parte de la película de tu vida podría catalogarse como «los mejores momentos». Estas son las experiencias que te brindaron mucha satisfacción y alegría, sin importar lo que otras personas puedan pensar sobre esos eventos. Si ganar el premio mayor en un concurso de creaciones de Lego en la feria de tu ciudad fue un momento destacado para ti, ¡fabuloso! Dios te ama en tu particularidad.

Tómate un poco de tiempo y piensa en tus logros, experiencias o «momentos de definición» pasados, en estas cinco áreas:

1. *Familia*: Puede que hayas tenido momentos especiales en tu niñez o en reuniones familiares que sean verdaderamente significativos para ti.

2. *Amigos*: Puede que algunas de tus mejores experiencias, y de las que más te han definido, hayan ocurrido con amigos cercanos.

3. *Escuela*: No hace falta que seas un estudiante de alto promedio académico para que seas moldeado por cosas que ocurrieron en tu escuela o en tus actividades escolares.

4. *Extracurriculares*: Tal vez encontraste alegría o éxito al involucrarte en el atletismo, las artes, la música, el voluntariado, u otras actividades comunitarias.

5. *Vida Espiritual*: Tal vez tu momento más destacado fue una experiencia en un campamento de verano, o en un viaje misionero, o cuando encontraste una nueva manera de vivir tu fe y hacer una diferencia en el mundo que te rodea. O tal vez fue el momento que decidiste seguir a Jesús.

En tan solo un minuto te pediré que regreses a las páginas del perfil FORMA y que escribas algunas de estas experiencias de «la cima de la montaña». Pero antes de que lo hagas, veamos unas cuantas escenas más de tu película...

MOMENTOS DOLOROSOS

La próxima parte de tu película no es tan divertida. Te garantizo que reflexionar sobre los momentos más dolorosos puede ser difícil. Puede que hasta necesites algunos pañuelos de papel para algunas escenas en particular de la película. Pero si estás tomando en serio el descubrir tu particularidad y dejarte usar por Dios, también debes ser capaz de revisar los momentos duros. Tienes que entender que los eventos de tu doloroso pasado te han ayudado a definir quien eres hoy.

No estoy hablando de cosas pequeñas, como aquella vez en que te golpeaste un dedo del pie, o la vez en que un globo que te habían regalado explotó. Me refiero a las experiencias que te empujaron al límite; cosas serias como abusos, rechazo, traición, desórdenes alimenticios, extrema soledad, adicciones, enfermedades, violencia, divorcio de padres, muertes, y accidentes automovilísticos. He trabajado lo suficiente con adolescentes como para saber que hasta los chicos que parecen felices y libres de problemas con frecuencia llevan algún dolor profundo en su corazón. Estoy pidiéndote que seas específico al confeccionar tu lista de dolencias.

FORMA

APRENDIENDO DE TUS EXPERIENCIAS

Ahora que has pensado un poco sobre los momentos «altos» y «bajos» de tu vida, salta a la parte de tu perfil FORMA que está enfocada en las experiencias. La encontrarás en la página 120. Tómate un tiempo para escribir algunas de las experiencias importantes que recordaste, y luego utiliza el «ejercicio fílmico» para verdaderamente explorar algunos momentos claves de forma un poco más profunda. Después de hacer esto, regresa a este capítulo y continúa leyendo a partir de aquí.

PONIENDO A TUS EXPERIENCIAS A TRABAJAR PARA DIOS

La película de tu vida no es como ninguna otra. Tienes un pasado único que influye sobre quién eres hoy en día. A medida que continúas pensando en las experiencias de tu vida, te insto en que busques cómo esos eventos pueden sugerir formas en que puedes servir a Dios. Tal vez al reflexionar sobre estos momentos veas maneras en las que tus dones espirituales, tu corazón, tus habilidades y tu personalidad se conectan íntimamente con los momentos definitorios de tu vida.

Piensa en mi amiga Dominique. Desde que ella tiene memoria, ha pasado todos sus días de Acción de Gracias con amigos de su iglesia. En vez de tener una gran celebración en la casa de alguien, se reunían con muchos otros voluntarios para ofrecerles una comida festiva a las personas necesitadas de su comunidad. Ese acto específico de servicio fue un momento definitorio para Dominique. Ella dice que la alegría de ayudar a alguien y no solo enfocarse en ella misma es lo que la inspiró a trabajar como voluntaria en un programa de alimentación local, una vez que comenzó la escuela secundaria.

Como Dominique, Jackson y Nikki encontraron que sus experiencias moldearon su ministerio futuro. Cuando comenzaron a ser novios tomaron una decisión: no tendrían relaciones íntimas hasta casarse. No fue fácil mantener el compromiso, pero lo hicieron con la ayuda de Dios. Hoy día, trabajan con adolescentes, para motivar a chicos y chicas a tomar la misma decisión que tomaron ellos antes de casarse unos años atrás.

Pero no son solo los triunfos de nuestra vida los que Dios utiliza. Tengo un amigo llamado Nadim cuya vida dio un giro de 180 grados cuando su sobrino de 18 años murió, víctima de un tiroteo que provenía de un automóvil en movimiento. Nadim se entristeció y lloró y sufrió y cuestionó y sintió mucho dolor. Luego encontró una manera de que Dios fuera honrado por medio de su dolor. Nadim consiguió un grupo de amigos de su iglesia y se acercó a los jóvenes que estaban involucrados con pandillas, ofreciéndoles comida y un lugar seguro para reunirse (la iglesia). Ayudó a su iglesia a comenzar un programa semanal justo en el centro de esa comunidad infestada de crimen. Nadim utilizó su experiencia dolorosa y permitió que Dios la usara para rescatar a otros jóvenes del mismo destino que tuvo su sobrino. Él no permitió que su dolor se desperdiciara.

Cuando yo reflexiono sobre las escenas dolorosas de la película de mi propia vida, puedo ver cómo mis experiencias más difíciles han moldeado lo que soy hoy. He sufrido mucho, pero el dolor que he experimentado definitivamente me ha cambiado. También mi amigo y coautor, Erik, ha experimentado mucho dolor. Quiero que escuches un poco de su historia, contada por él mismo:

> *Mis padres se divorciaron cuando yo tenía 8 años, y mi hermano mayor y yo tuvimos que vivir con nuestro padre porque el salario de cajera de mi mamá no era suficiente para sostenernos. Papá bebía de forma excesiva todas las noches, y luego decidía compartir ese dolor interior y maltratarnos físicamente a mi hermano y a mí. La mayor parte del tiempo mi papá se enfocaba en mí: yo era el estudiante no tan perfecto.*
>
> *Desde bombas verbales que harían tambalear la autoestima de cualquiera, hasta azotes que dejaban la piel morada y lastimada, el dolor llegaba en una variedad de formas. Aunque las marcas físicas ya sanaron, las heridas verbales eran mucho más profundas y nunca las he olvidado. La intimidación emocional y la falta de motivación finalmente concluyeron cuando, a los 16 años, le dije a mi papá que me iba de casa. Durante muchos años mi papá me había dicho que si me mudaba, él mismo me preparaba las maletas. Esa fue una promesa que sí mantuvo: llenó cinco bolsas grandes de plástico con mi ropa y otros artículos personales, y las tiró en la entrada de la casa.*
>
> *Hubo mucho sufrimiento durante mis años de adolescencia y juventud. Un amigo me preguntó en una ocasión: «¿No desearías*

nunca haber experimentado ese sufrimiento?». Por un lado, desearía poder borrar esa parte de mi vida. Pero también reconozco que mi dolor me ha hecho quien soy hoy: una persona emocionalmente fortalecida y más capaz de sentir el dolor de otros.

Estoy agradecido de que Dios me haya dado ahora la oportunidad de trabajar con hombres y mujeres que llevan cicatrices de sufrimientos similares. ¿Quién mejor para ayudarles que alguien que ha pasado por lo mismo antes... y que ha sobrevivido? A causa de mi dolorosa infancia mi corazón es sensible a aquellos que han sido abusados. Me puedo relacionar con otros que han experimentado abuso físico o emocional de una manera que es posible solo gracias a mi propia experiencia. A partir de mi dolor, Dios consideró beneficioso darme el don espiritual de la motivación. Yo utilizo este don espiritual a diario para ayudar a otros. No creo que hubiera tenido la FORMA única que tengo hoy si no hubiera experimentado el doloroso pasado que me tocó vivir. Dios no ha malgastado mi dolor: lo usa cotidianamente, al permitirme ayudar a otros.

¿Entonces, qué hay de ti? ¿Puedes ver algunos de tus momentos dolorosos y pensar maneras en que Dios puede traer algo bueno por medio de tu sufrimiento? ¿Escogerás utilizar las experiencias dolorosas de tu vida de una nueva manera?

Tienes un pasado único que influyó sobre quién eres hoy. A medida que continúas pensando en las experiencias de tu vida, te animo a que te fijes cómo esos eventos pueden sugerir maneras en las que puedas servir a Dios.

> «Escucha tu vida. Obsérvala como el incomprensible misterio que es, tanto en el aburrimiento y en el dolor como en la emoción y en el gozo: toca, siente, respira tu camino hacia lo sagrado y escondido de su corazón, porque, en el último análisis, todos los momentos son momentos clave y la vida misma es gracia.»
> Traducido de: Frederick Buechner, «*Listening to your Life*» (Escuchando tu vida)

SIGAMOS HACIA ADELANTE

Hemos invertido la primera mitad de este libro explorando la FORMA con que Dios te ha creado a ti. Hemos considerado juntos la mezcla única de dones espirituales, pasiones del corazón, habilidades, personalidad y experiencias particulares tuyas y solo tuyas.

¿Estás listo para llevar toda esta idea de la FORMA al próximo nivel? Porque llegó la hora de cambiar el enfoque, para comenzar a pensar sobre lo que vas a hacer con todo lo que Dios te ha dado.

El Dios que te creó quiere que hagas una diferencia con tu vida. Ayudarte a hacerlo es la meta del resto de este libro.

Desafortunadamente, si en serio deseas no desperdiciar tu vida, te encontrarás con obstáculos y oposiciones en el camino. Mientras nos movemos hacia la última sección de este libro y de nuestra conversación, echaremos un vistazo a cómo asegurarse de que tu FORMA no se malgaste.

> Hay un último paso para completar tu perfil personal FORMA. Encontrarás las instrucciones para ese último paso en la página 123 al final del perfil. Si hay otras secciones del perfil que no

> hayas completado aún, por favor tómate un tiempo para terminarlas antes de continuar. Eso te ayudará a exprimir lo mejor posible el resto de nuestra conversación. Cuando hayas completado tu perfil, estarás listo para pasar al Capítulo 7.

PARA REFLEXIÓN, DIARIO PERSONAL O DISCUSIÓN EN GRUPOS PEQUEÑOS

¿Cuáles fueron algunas de las cosas que aprendiste sobre Dios en este capítulo?

¿Has descubierto que puede haber un propósito para tu pasado? ¿En qué sentido?

Piensa en una persona que te haga sentir seguro, y con quien puedes compartir algunos de los sufrimientos de tu pasado. Haz una cita con esa persona para la semana próxima. Pregúntale cómo puedes usar tu doloroso pasado para hacer una diferencia en el mundo.

Identifica dos pasos de acción que puedas tomar durante la próxima semana para utilizar tu dolor para la ganancia de Dios.

1.

2.

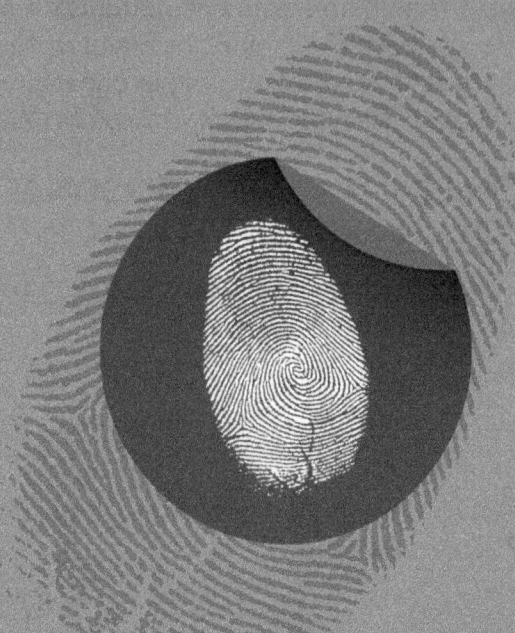

FORMA
UN PERFIL DE AUTO-DESCUBRIMIENTO

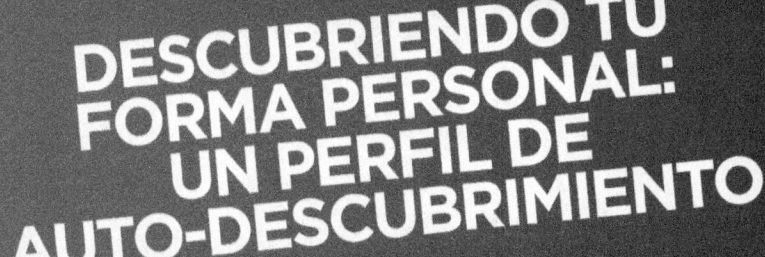

DESCUBRIENDO TU FORMA PERSONAL: UN PERFIL DE AUTO-DESCUBRIMIENTO

No conozco a ningún adolescente que se levante por las mañanas y grite: «¡Sí! ¡Tareas escolares! ¡Vengan a mí! ¡Me encantan! ¡Alabo a la maestra que me concede el privilegio de tener más tareas escolares!». Entiendo que esto probablemente no te describa a ti tampoco. Pero pasar algo de tiempo interactuando con lo que ya has leído y aprendido tiene el potencial de ser un buen ejercicio para aprender más acerca de ti, de cómo Dios te ha formado, y de lo que puedes hacer con la FORMA que te dio Dios para hacer una diferencia en el mundo y para usar tu vida de una manera trascendente. Así que no lo pienses como una tarea; piénsalo como una aventura de exploración.

Para obtener lo mejor de este proceso, es conveniente que completes este perfil por etapas a medida que lees la primera mitad de este libro. Cada sección del perfil se enfoca en una porción de tu FORMA que es analizada en un capítulo distinto. La sección «F» se enfoca en los dones espirituales tal como se analizó en el Capítulo 2, la «O» se enfoca en las pasiones de tu corazón (Capítulo 3), y así sucesivamente. Encontrarás que el proceso resultará más provechoso si lees el capítulo apropiado antes de llenar cada sección.

FORMA

FOMENTANDO TUS DONES ESPIRITUALES

Una vez que hayas leído el Capítulo 2 y tengas un mejor conocimiento acerca de los dones espirituales, será el momento de pensar un poco más sobre *tus* dones particulares. Al final de este libro (página 191 encontrarás una sección que contiene una lista que he confeccionado con los dones espirituales mencionados en las Escrituras, junto con una breve descripción para ayudarte a pensar si posees o no ese don. Para comenzar este ejercicio, por favor ve a la página 191 y tómate unos cuantos minutos para analizar qué dones te describen mejor. Luego, cuando hayas terminado, haz una lista de los dones espirituales que crees que es posible que tengas, escribiéndolos en el espacio provisto aquí debajo. (Comienza con aquellos a los que respondiste «sí». Añade los «tal vez» si el espacio lo permite).

1. _____
2. _____
3. _____
4. _____
5. _____

¡Genial! Ahora cavemos un poco más profundo, y piensa cómo terminarías esta frase:

Siento que podría ser capaz de utilizar estos dones espirituales para servir a otros en las siguientes maneras:

AHORA REGRESA A LA PÁGINA 44 Y CONTINÚA LEYENDO

FO**RMA**

ORGANIZANDO TUS PASIONES

Luego de leer el Capítulo 3, tómate unos cuantos minutos y responde a las siguientes preguntas:

¿Qué es lo que realmente amo hacer (intenta hacer una lista de tres cosas)?

1. _____
2. _____
3. _____

¿A qué personas disfruto más servir?

¿Qué causa es la que más me apasiona?

Si pudiera hacer cualquier cosa para Dios, basando mi elección solo en lo que me encanta hacer, ¿qué sería?

AHORA REGRESA A LA PÁGINA 63 Y CONTINÚA LEYENDO

FORMA

Reconociendo TUS HABILIDADES

¡Bienvenido otra vez! Ahora que has pasado algún tiempo leyendo el Capítulo 4 y pensando en las diferentes habilidades que existen, es hora de enfocarte más y pensar en tus propios talentos y fortalezas. En la página 204 encontrarás una lista de 50 habilidades que podrías tener. Tómate unos cuantos minutos para leer la lista y fijarte en cuáles te describen mejor. Cuando hayas terminado, haz una lista de tus cinco mejores habilidades en el espacio provisto aquí debajo. (Si marcaste más de cinco de las 50 opciones, regresa y escoge las cinco que mejor te definen. Si escogiste cinco o menos, escríbelas aquí).

1. _____
2. _____
3. _____
4. _____
5. _____

Y estas son algunas de las maneras en que imagino que Dios podría utilizar mis habilidades:

AHORA REGRESA A LA PÁGINA 75 Y CONTINÚA LEYENDO

FORMA

MINISTRANDO A TRAVÉS DE TU PERSONALIDAD

Luego de que hayas leído las descripciones en el Capítulo 5, circula las palabras (aquí debajo) que MEJOR describan la manera en la que te relacionas con los demás. Puedes dibujar un círculo alrededor de la «X» del medio si tu estilo de personalidad combina ambas características. No respondas con la manera en que tú deseas ser, sino con la manera en que tú crees que eres realmente. Si necesitas refrescar cualquiera de estos términos, regresa a las descripciones del Capítulo 5, en las páginas 83-94.

Tiendo a relacionarme con otros siendo más bien:

Extrovertido	X	Reservado
Expresivo	X	Controlado
Cooperativo	X	Competitivo

Al responder a las oportunidades, soy más bien:

De mucho riesgo	X	De poco riesgo
De personas	X	De proyectos
Seguidor	X	Líder
De equipo	X	Solitario
De rutina	X	De variedad

Algo que he aprendido acerca de mi personalidad es que:

Puedo ver que Dios utiliza mi personalidad única de las siguientes maneras:

YA CASI TERMINAS TU PERFIL FORMA. ¡ESTOY MUY FELIZ DE QUE ESTÉS TOMÁNDOTE EL TIEMPO NECESARIO PARA DESCUBRIR EL «TÚ» ÚNICO QUE DIOS HA CREADO! AHORA REGRESA A LA PAGINA 95.

FORMA

Aplicando TUS EXPERIENCIAS

Después de haber leído el Capítulo 6, utiliza frases o descripciones breves para intentar identificar algunos «momentos de definición» en tu propia vida que hayan sido significativos en cada área, y anótalos aquí debajo. Intenta identificar al menos un momento positivo y uno difícil en cada área, pero es mejor aún si escribes más de uno.

Momentos familiares:

Positivo: _____

Difícil: _____

Momentos con amistades:

Positivo: _____

Difícil: _____

Momentos escolares:

Positivo: _____

Difícil: _____

Momentos extracurriculares:

Positivo: _____

Difícil: _____

Momentos de la vida espiritual:

Positivo: _____

Difícil: _____

Fíjate detalladamente en tu lista de experiencias positivas y difíciles y escoge los tres sucesos más significativos y definitorios. Estos vendrían a ser los tres que tengan los recuerdos o aprendizajes más poderosos. Una vez que hayas hecho esto, utiliza los «marcos fílmicos» vacíos en las páginas que siguen para contar brevemente la historia de por qué cada evento fue tan significativo (un marco para cada una de las tres situaciones). Incluye lo más que puedas sobre la experiencia y las emociones que sentiste en ese momento. Intenta dar a cada escena un título en el espacio debajo del marco. Es decir, quiero que le pongas nombre a esa escena de tu «película».

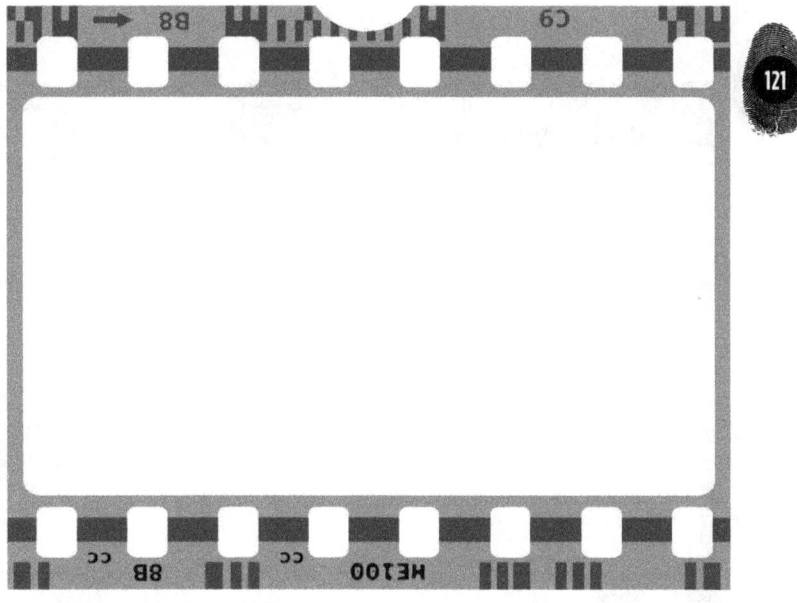

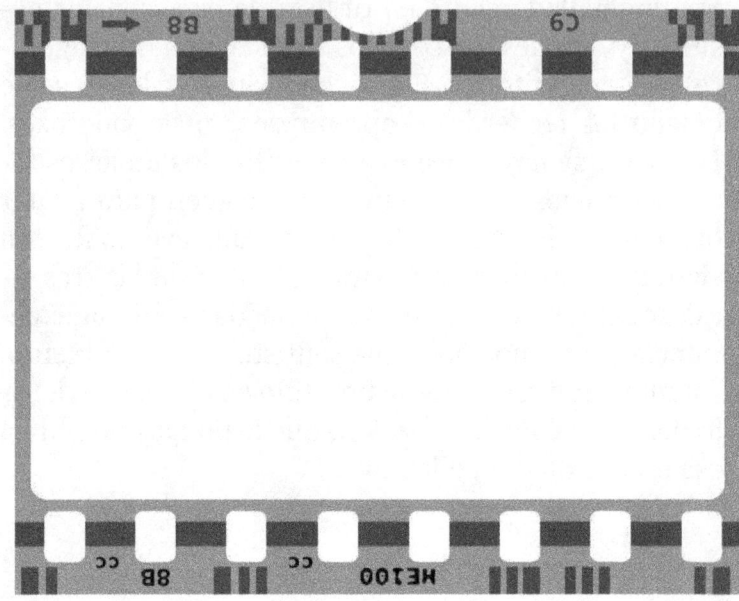

DESCUBRIENDO TUS TALENTOS PARA DEJAR UNA MARCA EN EL MUNDO

¿Cuál ha sido un momento positivo en tu vida, en el cual experimentaste tanta alegría que podrías ayudar a otra persona con su propia vida?

¿Cuál ha sido un área difícil de tu vida en la que Dios te ha ayudado, y con la cual podrías ayudar a otra persona?

AHORA REGRESA A LA PÁGINA 106 Y TERMINA DE LEER EL CAPÍTULO 6.

RESUMIENDO TU PERFIL **FORMA**

¡Felicidades! ¡Ya llegaste al último paso de tu perfil FORMA! Hasta ahora has leído cinco capítulos enfocados en los distintos aspectos de tu FORMA personal y has completado las páginas del libro asociadas con cada uno de esos aspectos.

Ahora es momento de repasar cada una de las respuestas de esas páginas para ver si hay algún hilo común o alguna conexión clara entre todas ellas. Quiero que vuelvas a leer tus respuestas y consideres por medio de la oración cómo Dios puede usar tu FORMA única para hacer una diferencia en este mundo. Pero yo creo que este es un proyecto más grande que un descubrimiento propio. También quiero que compartas tus respuestas con alguien (como un padre, amigo, mentor o pastor juvenil) para ver si la otra persona reconoce algún patrón. Esa persona puede tener una idea inspirada que te ayude a reconocer mejor tu FORMA y lo que podrías hacer con la manera en que Dios te construyó. He experimentado muchas ocasiones en las que los adolescentes se tomaron el tiempo necesario para responder a estas preguntas, pero aún sentían mucha confusión e inseguridad... y fue la ayuda y la sabiduría de otra persona la que trajo claridad a la confusión. No sientas miedo de compartir tu vida con una persona de confianza: esta persona seguramente desea que triunfes y que emplees la FORMA que te dio Dios.

Pregunta final:
- Si supieras que puedes hacer CUALQUIER COSA para Dios y que no fallarías... ¿qué cosa sería?

PERO EL VIAJE NO HA TERMINADO AÚN. HA LLEGADO EL MOMENTO DE MOVERNOS HACIA LA SEGUNDA MITAD DEL LIBRO, DONDE HABLAREMOS MÁS SOBRE CÓMO PUEDES USAR TU FORMA ÚNICA PARA HACER UNA DIFERENCIA PARA DIOS.

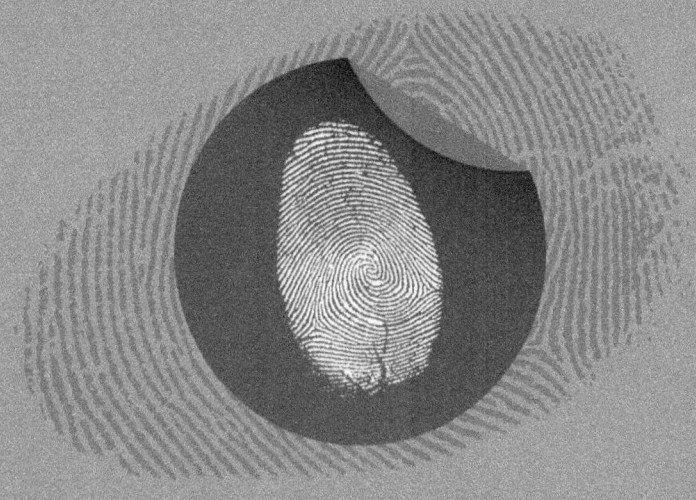

FORMA
UTILIZANDO TU FORMA PARA HACER UNA DIFERENCIA

«Cuanto más corremos lo que hoy llamamos 'yo' del medio y le permitimos a él tomar control de nosotros, es cuando más nos convertimos en lo que realmente somos.»

C.S. Lewis

HACIENDO UNA DIFERENCIA

Espero que estés disfrutando de nuestra conversación. Me encantaría ver tu expresión mientras piensas en la combinación única de dones, pasiones, talentos, personalidad y experiencias que te hacen ser quien eres. Es maravilloso ayudarte a descubrir las maneras particulares en las que Dios te ha creado y te ha moldeado.

Pero hay más. Como obra maestra original, Dios te creó para un propósito específico. Dentro de su trabajo artístico hay un diseño pensado para una contribución única y específica que solo tú puedes hacer.

¿Qué quiere decir esto? Bueno, ahora que has pasado algo de tiempo descubriendo tu particularidad concedida por Dios, ¿qué harás con ella? A eso quisiera dedicar el resto del tiempo que pasemos aquí juntos.

Si estás dispuesto a pensar en esto, volvamos a llenar nuestros vasos (o tazas) y sigamos con nuestra conversación.

Tu servicio único para Dios, ese que únicamente tú puedes hacer, es a lo que yo llamo *tu impacto para el Reino*. Es la misión específica para la que Dios te ha formado. Consideremos la frase «*impacto para el Reino*». Cuando produces un *impacto*, se siente tu presencia: estás haciendo una diferencia en esa área. Así que, si estás haciendo un *impacto para el Reino*, estás haciendo sentir tu presencia de una manera que beneficia al Reino de Dios.

Quisiera definir el *impacto para el Reino* como «la contribución específica que Dios te diseñó para que hagas aquí en la tierra a través de la expresión de tu FORMA». Tu impacto para el Reino es la manera particular en la que proyectarás el amor de Dios hacia otros en tu generación, mediante tu combinación única de dones.

Sé que es demasiado para abarcar de un solo bocado, pero hay muchas cosas involucradas para comprender de forma completa sobre el gran significado de tu impacto para el Reino. Puede que quieras retroceder y releer el último párrafo para asegurarte de que lo hayas digerido bien. Luego, en el espacio blanco aquí debajo, escribe otra definición de *impacto para el Reino* utilizando tus propias palabras:

Tu impacto para el Reino es mucho más que lo que harás como carrera al terminar la universidad. Es un impulso especial que viene de Dios, basándose en tu FORMA única, para hacer una diferencia significativa en esta tierra *de la manera en que solo tú lo puedes hacer*. He aquí algunos ejemplos de adolescentes que comenzaron a descubrir su impacto para el Reino mediante algunas acciones simples pero que cambiaron el mundo...

> Tu impacto para el Reino es mucho más que lo que harás como carrera al terminar la universidad.

- Phillip recolectó miles de zapatos para personas sin hogar.
- Jana invirtió todos sus veranos mientras estuvo en la escuela secundaria sirviendo en un país pobre.

- Travis organizó a todos sus compañeros del equipo de fútbol para cuidar a los niños de su comunidad que no tienen padre.

- Sara recaudó dinero para comprar sábanas y almohadas para huérfanos en México.

- Trevor recolectó monedas para asistir a niños abusados y ofrecerles becas para campamentos de verano.

Todos estos jóvenes comenzaron a hacer algo significativo para producir un impacto para el Reino de Dios luego de invertir tiempo intentando descubrir la huella digital única de Dios en sus vidas. Descubrieron cómo Dios los moldeó, y luego pusieron ese descubrimiento en uso de una manera que sirviera a otros y que diera honra a Dios. Se dieron cuenta de que no podían simplemente sentarse a un costado del camino de la vida siendo que Dios los había formado para una participación de impacto. Creo que descubrirás que esto es cierto para ti también.

Dios está a la búsqueda de jóvenes comunes (como tú y como los que acabo de mencionar) que estén dispuestos a ser usados para hacer una diferencia en este mundo. Desde estudiantes adolescentes hasta universitarios próximos a graduarse, miembros de bandas musicales y fanáticos de la tecnología, estudiosos y deportistas, estudiantes de no tan buen promedio escolar y estudiantes de cuadro de honor, Dios se destaca por usar personas ordinarias de maneras extraordinarias. ¡Ahí estás incluido tú también! ¡Felicidades!

¿Aceptas el reto de producir un impacto para el Reino? ¿Te asusta? ¿Te emociona? ¿Ambas cosas? Mientras piensas en la idea de que Dios tiene una manera especial en la que quiere usarte, tómate unos minutos para escribir cómo te sientes (interesado, aburrido, con miedo, curioso, forzado, ansioso...).

NO ESCUCHES A LOS PERDEDORES

Si vamos a hablar sobre el impacto para el Reino, permíteme comenzar compartiendo contigo buenas y malas noticias. Primero, la mala noticia: Hay muchos perdedores en este mundo. Así es... así de simple. Pero aquí está la buena noticia: No tienes que permitir que te arrastren.

Cuando me refiero a un «perdedor», la imagen que viene a mi mente probablemente no es la misma imagen que estás acostumbrado a ver tú cuando escuchas la palabra *perdedor*. No estoy hablando del chico punk que se sienta en tu clase de inglés y que le tira avioncitos a la maestra, el que no hace la tarea, fuma marihuana y ridiculiza a todo aquel que intenta hacer el bien. En el idioma juvenil, puede que ese personaje sea un perdedor. En cambio, lo perdedores a los que yo me refiero son personas normales en tu vida que tienen pensamientos y actitudes que te pueden impedir llevar a cabo tu impacto para el Reino. Para nuestra conversación, definiré a un *perdedor* como «cualquiera que intente mantenerte lejos de ser quien Dios te creó para ser».

> Para nuestra conversación, definiré a un *perdedor* como «cualquiera que intente mantenerte lejos de ser quien Dios te creó para ser».

No permitir que esos perdedores te desvíen de tu impacto para el Reino requerirá resistencia y determinación. Durante la época en que me encontraba escribiendo este libro corrí mi primera maratón. Bueno, en realidad troté mi primera maratón... correr indica velocidad, y yo no tenía nada de eso (aunque mi tiempo fue mejor que el de Oprah). Pero se requiere mucho trabajo duro tan solo para terminar esos más de 40 kilómetros. Tuve que entrenarme y prepararme y poner mi cuerpo en la condición física necesaria para no morir antes de llegar a la meta.

De la misma manera, entrenarte para tu impacto para el Reino y resistir las voces de los perdedores requerirá la misma cantidad de trabajo y dedicación. Fíjate cómo el autor de la carta a los Hebreos describe la resistencia espiritual:

> «Por tanto, también nosotros, que estamos rodeados de una multitud tan grande de testigos, despojémonos del lastre que nos estorba, en especial del pecado que nos asedia, y corramos con perseverancia la carrera que tenemos por delante. Fijemos la mirada en Jesús, el iniciador y perfeccionador de nuestra fe, quien por el gozo que le esperaba, soportó la cruz, menospreciando la vergüenza que ella significaba, y ahora está sentado a la derecha del trono de Dios.» (Hebreos 12:1-2)

Para hacer esto debes echar a la basura cualquier cosa que te distraiga o que te haga reducir la velocidad mientras intentas correr. He visto a muchos jóvenes emocionarse al descubrir su FORMA personal, para después caminar en la dirección contraria a su impacto para el Reino por escuchar las voces de los perdedores. La resistencia requerirá que te enfoques en las palabras de Jesús y no en las palabras de cualquiera que piense que estás perdiendo tu tiempo o que estás intentando algo demasiado grande o que tú no tienes lo que se necesita para hacer lo que sientes que Dios te está llamando a hacer.

Permíteme ser un poco más específico con respecto a lo que me refiero cuando utilizo la palabra *perdedor*. Un perdedor puede tomar varias formas diferentes...

PERDEDOR: ENFOCÁNDOTE EN TUS MIEDOS

Mi amigo Robert tiene miedo a las alturas. Las odia. Sus piernas comienzan a temblar, su estómago se da vuelta y su corazón comienza a latir rápidamente (ahora que lo pienso, es como lo que yo sentí cuando vi a mi esposa por primera vez, cuando estábamos en la escuela secundaria). Cuando él era niño visitó la parte más alta del edificio Empire State, pero no pudo encontrar el valor suficiente como para acercarse a las ventanas en el piso de observación y tomar fotos de la increíble vista de la ciudad de Nueva York. Su padre tuvo que hacerlo por él, a causa de la *acrofobia* de Robert.

¿Y tú? ¿Tienes algún miedo o fobia? Si les tienes miedo a las arañas puede que padezcas *aracnofobia*. ¿Tienes miedo de hablar en público? Eso se llama *glosofobia*. Tal vez le tienes miedo a los hospitales (*nosocomefobia*) o a las ranas (*bufonofobia*). Y mi favorita: *araquibutirofobia*. Es el miedo a que la mantequilla de maní se pegue a la parte superior de tu boca.

Algunas fobias parecen graciosas porque tienen nombres extraños y porque parecen demasiado fuera de este mundo como para ser ciertas. Pero existe la posibilidad de que tú mismo tengas algunas fobias (por mi parte, yo tengo miedo de entrar a un restaurante de comida rápida y no ser capaz de encontrar mi bebida favorita; esto se llama *nohaypepsidietfobia*).

Cuando terminamos con los chistes sobre los nombres de las fobias y pasamos a discutir nuestros miedos internos, la risa se detiene. Tus propios miedos se vuelven totalmente reales y nada graciosos. He conocido a jovencitas que tenían miedo de tener una cita con un chico porque habían sido violados por algún tío. He conocido a jóvenes que nunca tomaron ningún riesgo porque le tenían mucho temor a la derrota. ¿Te imaginas eso? ¿Nunca tomar un riesgo? Ningún riesgo para Dios, ni nuevas oportunidades, ni nuevas amistades, ni ningún otro riesgo en sus vidas.

El miedo es un gran perdedor.

De hecho, el miedo es un de los mayores perdedores que enfrentarás en la vida. El miedo te confunde, te hace perder el equilibrio, te hace olvidar cómo te ve Dios. ¿Y sabes qué? El miedo nunca proviene de Dios. Si escribes todas las cosas maravillosas, dinámicas y creativas que Dios ha creado... el *miedo* no está en esa lista.

> Si escribes todas las cosas maravillosas, dinámicas y creativas que Dios ha creado... el *miedo* no está en esa lista.

Me encanta lo que el apóstol Pablo le escribe al joven Timoteo: «Pues Dios no nos ha dado un espíritu de timidez, sino de poder, de amor y de dominio propio» (2 Timoteo 1:7). Como mentor espiritual, Pablo alentaba a su joven amigo a que recordara cómo Dios lo había creado, y a que no tuviera miedo.

Quiero pasarte las mismas palabras de aliento a ti. Dios no te creó para que tuvieras miedo. No te creó para que te contuvieras o para que te espantara la timidez o para que huyeras o para que evitaras los grandes desafíos que te presenta la vida. Dios nunca dijo que aquellos que siguieran su camino no enfrentarían situaciones difíciles. Pero Dios sí prometió protegernos, guiarnos, velar por nosotros y dirigirnos durante esos momentos de dificultad.

Cuando el miedo trate de entrar, de distorsionar tu FORMA y de meterse en el camino de tu impacto para el Reino, quiero que te desafíes a: (1) detenerte; (2) hacer silencio; y (3) pedirle a Dios que te llene de valor y de fe. Piénsalo... valor y fe son los opuestos del miedo: ambos le dicen «no» al miedo.

Esto me recuerda la historia de Josué, quien se convirtió en el líder de Israel luego de que muriera Moisés. Josué tenía que llegar a la altura de Moisés (y no era nada fácil ponerse los zapatos de Moisés) y estar listo para dirigir al pueblo de Dios hacia la Tierra Prometida. Mira lo que Dios le dijo a Josué *tres veces* en tan solo cuatro versículos: «No tengas miedo; sé fuerte y valiente».

Ojalá pudiera decirte que nunca experimentarás miedo, pero te mentiría. Enfrentarás miedos en tu vida, sin embargo la Biblia nos da clara sabiduría sobre lo que hay que hacer con esos miedos: «Encomienda al Señor tus afanes, y él te sostendrá; no permitirá que el justo caiga y quede abatido para siempre» (Salmo 55:22). Esto no solo quiere decir presentarle tu problema a Dios. Por el contrario, Dios nos dice que *encomendemos* nuestros problemas a él. Es como si Dios dijera: «¡Tráelos acá! Yo puedo con tus miedos. Entrégamelos. Los quiero todos; tíramelos encima. Ellos no van a ahogarme a mí».

> **El enemigo de Dios no quiere que hagas un impacto para el Reino, así que seguramente surgirán miedos.**

Recuerda: si es miedo, no proviene de Dios. Cuando intentes descubrir, desarrollar y dirigir tu impacto para el Reino, el miedo aparecerá. El enemigo de Dios no quiere que hagas un impacto para el Reino, así que seguramente surgirán miedos.

PERDEDOR: ESCUCHANDO TU PASADO

En el capítulo anterior conversamos sobre cómo Dios puede utilizar tus experiencias pasadas para moldear quién eres. Dios puede utilizar tu pasado para prepararte para tu impacto para el Reino. Dios no desperdicia las dolencias de tu vida. Pero si no tienes cuidado, tu pasado puede convertirse en un obstáculo. Y eso es especialmente cierto cuando se trata de los errores que has cometido. Las decisiones pobres de tu pasado se pueden convertir en perdedores que limitan el trabajo del Artista en tu vida.

Date cuenta de que no eres el único que ha tomado malas decisiones. Todos cometemos errores. Afortunadamente, muchos de nuestros errores son menores. Pero algunas malas decisiones producen recuerdos y consecuencias duraderos.

Amo el hecho de que la Biblia no ignora ni disimula los errores que cometen los hijos de Dios. Aquí tienes unos cuantos: el rey David tuvo un amorío con una mujer y organizó el asesinato del esposo de esta. Moisés asesinó a un hombre antes de que Dios lo usara para liderar a su pueblo. Pedro siguió a Jesús cada día... y aun así perdió el control y una noche cortó el oído de un hombre y negó que en algún momento hubiera conocido a Jesús. Estas son cosas realmente grandes. Yo no podría inventar historias de fracaso como éstas aunque lo intentara. Me imagino que tú no has hecho muchas de esas cosas que he mencionado... o al menos no recientemente.

Pero tengo la certeza de que has tomado otras decisiones de las que te arrepientes. Has cruzado una línea física en alguna relación. Has hecho trampa en alguna clase importante. Has dicho palabras fuertes que han lastimado a alguien cercano a ti. Has tomado algo «prestado de manera permanente» de algún amigo (sí, deberías llamarle «robo» a eso). Estoy seguro de que podrías fácilmente añadir unas cuantas de tus decisiones para hacer que esta lista sea más personal.

Si te enfocas en todos los errores que has cometido, podrías decidir que no hay manera que puedas llevar a cabo tu impacto para el Reino. Te fijas en tu lista y comienzas a sentirte culpable. Al poco tiempo estás pensando: «¿Cómo podría Dios usar a alguien como yo? Yo no tengo lo que hace falta. He cometido demasiados errores. No estoy formado para nada bueno.»

Esos pensamientos de perdedor nacen de la culpa, y la culpa es otro perdedor que puede arruinar tu impacto para el Reino. Como el miedo, la culpa no es algo que Dios haya creado. La Biblia dice que no hay condenación (culpa) para aquellos que tienen una relación personal con Dios mediante Jesucristo (fíjate en Romanos 8:1). Si ya has recibido el perdón de Dios, no tienes que seguir revisando todos tus errores pasados. ¡Ya pasaron! Medita en las Escrituras por un minuto: «Por lo tanto, si alguno está en Cristo, es una nueva creación. ¡Lo viejo ha pasado, ha llegado ya lo nuevo!» (2 Corintios 5:17). Si tienes una relación con Dios, eres nuevo... una nueva persona. ¡Felicidades!

PERDEDOR: ESCUCHANDO TUS LIMITACIONES

Cuando caminas por los pasillos de tu escuela, ¿escuchas alguna vez chicos o chicas haciendo alarde de sus debilidades? Probablemente no. La mayoría de las personas disfrutan el hablar sobre sus fortalezas e intentan minimizar sus debilidades. Sé que yo lo hago. Pero hay algo bueno que sucede cuando le entregamos nuestras debilidades a Dios.

Cuando trabajamos solo con nuestras fortalezas es fácil ignorar u olvidar a Dios y depender de nuestras propias habilidades para llevar a cabo las cosas. Pero cuando identificamos y admitimos nuestras debilidades y limitaciones, estamos más inclinados a pedirle ayuda a Dios. Y eso es lo que él quiere.

En mi caso, cada vez que le hablo a una multitud, ya sean jóvenes o adultos, me pongo muy nervioso. Pienso que voy a caerme, me duele el estómago y frecuentemente me dan diarreas. (¿Demasiada información? Disculpa). De hecho, detesto bastante todo lo relacionado con hablar hasta que llego al estrado. Es medio loco, ¿no? Parte de mi FORMA es enseñar sobre cómo ser un seguidor de Jesucristo y cómo crecer espiritualmente, pero solo disfruto la mitad de la experiencia. Hay una parte de mí que piensa: «Dios, cometiste un error... ¿por qué me concediste los dones espirituales de enseñar y predicar si soy tan inseguro y me pongo tan nervioso?». Sin embargo, he aprendido que cuando reconozco mis propias debilidades Dios me da un tipo de favor especial que me permite continuar desarrollando mi impacto para el Reino. Mientras estoy hablando realmente lo disfruto (la mayor parte del tiempo), y para el momento en que terminé de hablar me digo a mí mismo: «Yo puedo hacer esto» (ese es el favor de Dios). Y pienso eso todo el tiempo hasta la siguiente vez que me preparo para hablar en público.

He aprendido que cuando reconozco mis propias debilidades Dios me da un tipo de favor especial que me permite continuar desarrollando mi impacto para el Reino.

Tú también tienes limitaciones. Y éstas actuarán para hacerte un perdedor si se los permites. Admítele tus debilidades a Dios y permite que él sea glorificado por medio de tus debilidades. Eso es exactamente lo que el apóstol Pablo escribió en 2 Corintios 12. Cuando somos débiles, Dios se hace fuerte.

> A veces tus limitaciones y debilidades son cercanas a, y vinculadas con, tus fortalezas.

A veces tus limitaciones y debilidades son cercanas a, y vinculadas con, tus fortalezas. Tal vez eres un músico increíble pero luchas con el orgullo. Tienes talentos para escribir, pero luchas con la falta de disciplina. Tienes carisma para dirigir grupos de personas pero te sientes incómodo hablando en profundidad con un amigo.

Dios quiere usarte. Tú puedes pensar que tienes una limitación que te descalifica, pero si pones esa debilidad en las manos de Dios, él la usará de una manera que bendecirá a otros y que lo glorificará a él. Sé que suena extraño y que definitivamente no tiene sentido para la lógica humana, pero Dios quiere usar *todo* lo que eres, incluso tus debilidades.

Aquí tienes un recordatorio importante: Entregarle a Dios tus debilidades no es lo mismo que ser alguien que no fuiste creado para ser. Cada uno de nosotros tiene limitaciones naturales en nuestros dones, habilidades y oportunidades. Tal vez has soñado con ser un jugador de baloncesto profesional pero mides 1.6 metros. O tal vez quieres ser un cantante de música pop pero tu canto asusta al perro del vecino. O tus sueños de convertirte en un artista de fama mundial se van de cabeza cuando ves que todavía dibujas a las personas con palitos. Afrontémoslo: *Sí* tenemos limitaciones naturales, y entender cuáles son es una parte importante de descubrir cómo nos usará Dios.

Pero en esas áreas en las que Dios te ha galardonado, encuentra tus fortalezas y busca cómo Dios puede usarlas. Y en el proceso, entrégale también tus debilidades a Dios. No intentes hacer un impacto para el Reino basándote en tu propio poder.

PERDEDOR: ESCUCHANDO A LOS QUE TE CRITICAN

Tal vez ya hayas aprendido esta lección de vida. Si no, te llegará uno de estos días. La lección es la siguiente: Algunas personas pueden ser realmente malas. ¿Recuerdas las burlas del bravucón que te encontrabas en el patio de la escuela cuando eras un niño, o los comentarios hirientes de un «amigo» luego de que intentaras un truco en tu patineta y cayeras de cara al asfalto? Todavía recuerdas aquellas palabras.

La gente mala no es buena compañía, ¿verdad? Pasan mucho tiempo hablando de cómo tu idea es tonta, o de cómo tu sueño nunca se hará realidad, o de cómo no eres lo suficientemente inteligente, suficientemente divertido, suficientemente talentoso, suficientemente adinerado, bla, bla, bla. He aquí algo que he aprendido durante mis 25 años como pastor juvenil: No se requiere de mucha inteligencia para ser crítico. Cualquiera puede criticar. Lo que sí es difícil es no permitir que la crítica de otros te aleje de realizar tu impacto para el Reino.

> **Lo que sí es difícil es no permitir que la crítica de otros te aleje de realizar tu impacto para el Reino.**

¿Alguna vez has escuchado hablar de Nehemías? Es un personaje del Antiguo Testamento que no escuchaba las críticas, incluso cuando intentaba hacer algo «imposible». Dios le dio a Nehemías una tarea inmensa: ir a Jerusalén y reconstruir la ciudad destruida y sus murallas. Esa era una tarea audaz.

Y Nehemías no era un general de alto rango, un arquitecto de mucha destreza, o tan siquiera un constructor. Era el que le servía las bebidas al rey de Persia (la parte del mundo que hoy llamamos Irán). Dios escogió a un tipo bastante inesperado para encabezar esta operación. Y los críticos lo sabían.

Tan pronto como Nehemías comenzó la tarea, los críticos comenzaron a hablar. Muchos de los líderes cercanos se burlaron de los trabajadores diciendo que las murallas que construirían se derrumbarían con que tan solo un zorro les pasara por encima (sé que esto no suena tan cruel como un chiste sobre tu madre, pero las cosas eran distintas en ese entonces). Las críticas eran fuertes. Pero Nehemías y su equipo siguieron adelante.

Entonces un nuevo grupo se unió al coro de críticas. Esta vez, las críticas vinieron de «ciudadanos consternados» que decían que los trabajadores estaban cansándose. Y los lloriqueos y quejas fueron de mal en peor. Los que se quejaban perdieron de vista el gran sueño y olvidaron que Dios estaba de su lado. Estaban escuchando a los perdedores... en este caso, a los críticos.

Las buenas noticias de la historia de Nehemías son que las murallas de Jerusalén sí se reconstruyeron, la ciudad sí quedó protegida, y muchas personas redescubrieron lo que significaba vivir sus vidas de manera que se le diera la honra a Dios. ¿Por qué? Porque Nehemías no escuchó a las críticas.

Si escoges usar tu FORMA para llevar a cabo un impacto para el Reino, enfrentarás críticas. Las personas dirán que no debes esforzarte por la excelencia. Algunos amigos sugerirán que nunca serás tan exitoso como tu hermano o hermana mayor. Tus padres te podrán decir que vayas a lo seguro y que mejor esperes a crecer. Puede que algunos maestros te digan que nunca lo lograrás. Hasta los pastores podrían fallar y no ver todo el potencial que Dios tiene para ti.

> No escuches las críticas, y no vivas pendiente de la aprobación que nunca te darán.

No escuches las críticas, y no vivas pendiente de la aprobación que nunca te darán. Sí recoge sabiduría de tus verdaderos amigos. Escucha los consejos de tus padres, pastores y maestros. Pero recuerda que a veces el plan de Dios podrá parecer loco para todo el mundo... incluso para ti. Escucha dentro tuyo la voz de Dios y sigue su dirección. Es por eso que es tan importante entregarle tus sueños a Dios.

ENTRÉGALE TUS SUEÑOS A DIOS

Una de las principales razones por las que me gusta trabajar con jóvenes es porque ustedes todavía saben soñar. Aún no se rinden en lo que respecta a las posibilidades que la vida tiene para ustedes. Demasiados adultos han perdido la habilidad que les dio Dios para soñar con su futuro.

Los niños son grandes soñadores, y conozco muchos jóvenes que también lo son.

Algunos sueños pueden parecer locos. Conozco a un chico que quería convertirse en Darth Vader cuando fuera grande. ¡En serio! Ahora bromea sobre *por qué* de pequeño anhelaba eso, y aún no ha podido encontrar una buena respuesta.

Otros sueños son bastante egoístas. Si el mayor de tus sueños es hacerte rico y famoso para tener todo tipo de cosas y terminar saliendo en la portada de una revista, puede que lo estés haciendo por las razones equivocadas. Adivino que «yo» es el motivo más grande detrás de esos sueños.

No está mal soñar con éxito y logros. Si eres atlético está bien si sueñas con ser un deportista profesional. Si eres extrovertido está bien si sueñas con ser elegido como el presidente del cuerpo de estudiantes. Si escribes, adelante, sueña sobre escribir un libro que la gente disfrutará. Si te gusta viajar, sueña con visitar países alrededor del mundo y experimentar culturas únicas. Si disfrutas de los exteriores, sueña con escalar montañas o con crear jardines hermosos o con proteger un río amenazado. Si te preocupa la justicia, sueña con ayudar a personas que han sido falsamente acusadas. Si te apasionan las misiones, sueña con el día que comenzarás a trabajar en un país al otro lado del mundo. Si te encanta orar por las personas, sueña con el momento en que Dios utilizará tus oraciones y tu fe para traer sanidad al cuerpo de otra persona.

> Dios ha colocado dentro tuyo una pasión para que te impulse a hacer algo especial. ¿Y por qué no habría de hacerlo? Tú fuiste creado a su imagen, y eres la única persona que es exactamente como tú en todo el universo. Nadie más puede llevar a cabo tu sueño... Pero si no le rindes a Dios tu sueño, entonces lo estarás colocando más alto en la lista de prioridades que a Dios. Tu sueño debe ser algo más que tú, o que el sueño mismo. Un sueño dado por Dios te une a lo que Dios quiere hacer en este mundo *a través de ti*.

Es increíble imaginar hasta dónde te pueden llevar tus destrezas y talentos (con la ayuda de Dios). El éxito no es una mala palabra. El egoísmo sí lo es.

Esto es lo importante: Tu sueño, ¿intenta solamente crear un gran nombre para ti, o se trata de vivir la vida que Dios te llamó a vivir? En otras palabras, ¿se trata de ti o de Dios? Recuerda que Dios es el Artista que te ha dado esos dones espirituales, pasiones y talentos. Él es quien te bendijo con tu personalidad, y es quien ha estado contigo a lo largo de todas tus experiencias de vida. Si tu éxito le rinde honor, fantástico. Así que pídele a Dios que te ayude a soñar grandes sueños que requieran la combinación perfecta de su asistencia y tu dedicación.

PARA REFLEXIÓN, DIARIO PERSONAL O DISCUSIÓN EN GRUPOS PEQUEÑOS

¿Cuáles son algunas de las cosas que has aprendido acerca de tu impacto para el Reino?

¿Cuál de los perdedores es tu mayor obstáculo: el escuchar a los miedos, a tu pasado, a tus limitaciones o a las críticas?

Utiliza el espacio aquí debajo para escribirle una oración personal a Dios pidiéndole que te dé de su fortaleza para sobrepasar estos obstáculos.

¿Qué dos personas en tu vida te podrían ayudar a mantener tu alma rendida a Dios y ayudarte a evitar que escuches a los perdedores? Comunícate con estas dos personas y déjales saber sobre tus deseos de crecer en esta área de tu vida.

1.

2.

«Veo la vida como un regalo y como una responsabilidad. Mi responsabilidad es usar lo que Dios me ha dado para ayudar a su pueblo en la necesidad.»

Millard Fuller, fundador de Hábitat para la Humanidad

DESCUBRE TU IMPACTO PARA EL REINO MIENTRAS SIRVES A OTROS

Esto no era lo que Jessica esperaba.

Había accedido a pasar el día con algunos amigos de la iglesia yendo por los alrededores de la comunidad y ofreciendo ayudar con cualquier tipo de proyecto que las personas necesitaran completar. El grupo de jóvenes de la iglesia nunca antes había llevado a cabo este tipo de servicio comunitario, pero era sábado y Jessica no tenía otros planes, así que se unió a ellos.

No había nadie en los primeros dos hogares. La tercera casa tenía en la puerta un letrero que decía «No molestar», así que decidieron pasarla por alto. Una mujer respondió en la cuarta casa.

Matt, un poco nervioso, le dijo a la mujer: «Hola, somos de la iglesia que está justo en la esquina. Estamos llevando a cabo algunos proyectos de servicio para ayudar a las personas que viven cerca de nosotros. ¿Hay algo que podamos hacer para ayudarla? No queremos nada de dinero, solo queremos servir».

Anne, la mujer que estaba en la puerta, pensó por un momento y luego dijo: «Ehm, sí, estoy trabajando en algunas cosas en el patio trasero, e imagino que un poco de ayuda me vendría bien. Esperen, ¿dijeron que harían esto gratis?».

«Sí, señora, no vamos a tomar nada de su dinero», le dijo Matt.

«Bueno, tengo un proyecto pero no sé si les agradará».

«No importa si nos gusta o no, sólo queremos servir».

Anne condujo al equipo hasta su patio trasero, y un grupo de jóvenes comenzó a reírse cuando Anne señaló el «proyecto». Junto al cerco trasero había ocho jaulas de conejos que lucían como si nunca se hubieran limpiado desde que se inventaron las jaulas para conejos.

«Iba a trabajar hoy en esto. Acababa de empezar», dijo Anne.

Los estudiantes entraron de un salto (no era mi intención el doble sentido) y comenzaron a limpiar. Jessica sentía como si fuera a vomitar por el olor.

Luego de una hora de proyecto, los pensamientos de Jessica comenzaron a divagar. *¿Por qué hacemos esto? ¿Cuánto tiempo más nos tomará? ¿Es este el tipo de cosa que debería estar haciendo yo en mis fines de semana? ¿Es esto lo que significa servir a otros?*

Estas son muy buenas preguntas. Si Jessica y yo estuviéramos sentados juntos en un café, podría responderle recordándole la historia que contó Jesús una vez.

> Cuando sirves a otros, a la larga, ganas.

DIOS AMA A LOS QUE SIRVEN

Si has pasado algo de tiempo en la iglesia, posiblemente ya hayas escuchado la historia de Jesús acerca del «Buen Samaritano». Incluso las personas que no asisten a la iglesia conocen la historia. Probablemente es porque la historia toca un principio importante de la vida: Cuando sirves a otros, a la larga, ganas.

Un día, un experto en leyes hablaba con Jesús sobre la importancia de amar a Dios y de amar a nuestros prójimos (puedes leerlo en Lucas 10:25-37). Este hombre le pidió a Jesús que lo ayudara a entender quién era su prójimo. Jesús le narró la historia del «Buen Samaritano» como respuesta. El argumento de la parábola es bastante sencillo:

Un hombre fue asaltado mientras viajaba. Los ladrones tomaron todas sus cosas y lo dejaron por muerto. Un cura pasa por el lugar, pero continúa caminando por el otro lado de la carretera y no se detiene. Otro líder religioso pasa, pero también sigue de largo por el otro lado de la carretera. Luego pasa un tercer hombre (un samaritano), y se detiene a ayudarlo. Le ofrece al hombre primeros auxilios, y lo lleva hasta un motel cercano. El samaritano paga de su propio bolsillo por todo lo que el hombre necesita, y promete cubrir cualquier cargo adicional en que incurra el motel.

¿Cuál de estos tres hombres (el cura, el líder religioso o el samaritano) era el verdadero prójimo del hombre herido? La respuesta correcta es, por supuesto, el samaritano. Es significativo que Jesús escogiera a un samaritano como el «héroe» de la historia, ya que los judíos y los samaritanos no se llevaban muy bien en ese entonces. La audiencia judía de Jesús probablemente esperaba que el samaritano fuera el villano de la historia. Pero el samaritano era el verdadero prójimo porque no le dio importancia a sus diferencias culturales y religiosas, sino que simplemente respondió a la necesidad. La mejor manera de ser un buen prójimo es demostrando misericordia y compasión a través de actos de servicio. Para Jesús, servir a los demás era muy importante.

Muchas personas piensan que *siervo* o *sirviente* es una palabra negativa. Imaginamos a una mucama, o a un mesero, o a alguien que vive en la casita detrás de una inmensa mansión. Ser un sirviente no es una opción de carrera que usualmente esté entre las 10 favoritas de los jóvenes.

Pero en la historia de Jesús, es el servicio del samaritano el que trae la sonrisa al rostro de Dios. Este es el patrón que Jesús modeló (Jesús vino a servir; lee Mateo 20), y él estableció el servicio como plan para aquellos que lo siguieran.

Es un deseo natural y humano el sentarse y esperar a que alguien te sirva. Solemos pensar: Si alguien más está dispuesto a sacar la basura, me parece genial. ¡Ve por ello! ¿Quieres prepararme el desayuno y traérmelo a mi cuarto? ¡Hazlo! ¡Eso también sería genial! ¿Usted hará mi trabajo y permitirá que yo me lleve todo el crédito? ¡Pues me agrada usted y su manera de pensar!

> **Para aquellos que seguimos a Jesús, el servicio no es optativo... es más como una orden.**

Pero para aquellos que seguimos a Jesús, el servicio no es optativo... es más como una orden. Dios quiere que sepas que está bien ser el que trabaja detrás del telón y no necesita crédito. Está bien hacer el trabajo que tus amigos consideran demasiado insignificante. Está bien invertir un sábado lavando jaulas de conejo para una vecina, o podando el césped para una pareja de ancianos, o cuidando niños para una madre soltera estresada y sobrecargada de trabajo. Tal vez quieras subrayar lo siguiente: Cuando sirvas a otros, Dios te recompensará. Eso es lo que los seguidores de Cristo somos llamados a hacer. Jesús estableció el ejemplo, al vivir una vida que sirvió a otros. Él les dijo a sus discípulos que sirvieran. Y ahora, en el siglo XXI, tú y yo también somos llamados a servir.

Servir es de suma importancia para los cristianos. Mientras sirves a otros se te presentarán oportunidades para lucir (en el buen sentido) tu FORMA. Servir también te puede conducir a un momento de iluminación en el que tu impacto para el Reino se vuelva súper claro de repente. Puedes estar sirviendo y de repente pensar: «¡Esto es! ¡Esto es para lo que mi FORMA fue moldeada! ¡Es tan obvio ahora!».

SIRVE EN EL HOGAR

Uno de los lugares más importantes en los que puedes servir también puede sonar como uno de los lugares más difíciles. Si estás buscando personas a las cuales servir, tu familia es un gran lugar para comenzar. ¿Por qué querría Dios que los sirvieras a ellos? Tal vez estés pensando: «¿Conoces tú a mi hermano menor?».

Servir requiere un cambio de actitud, y entiendo que tener una actitud positiva es más difícil en el hogar que en cualquier otro lugar. Tú no utilizas una «máscara» cuando estás con tus padres y hermanos... ellos ven el «tú» real. Nuestras familias nos ven cuando estamos molestos y contentos y confusos y emocionados. Esto es lo que hace difícil vivir una actitud hogareña donde se honre a Dios. Los miembros de las familias son muy buenos para pescarte en tus errores y para recordarlos luego (sobre todo si no son cristianos). No hay duda: es difícil ser un seguidor de Cristo en el hogar.

Tal vez servir a tu familia no se trate solo de ocuparte de tareas particulares o de realizar determinados actos de servicio (aunque esas son cosas buenas). Tal vez se trate de seguir un consejo que el apóstol Pablo les dio a los cristianos de la iglesia primitiva: «Por lo tanto, como escogidos de Dios, santos y amados, revístanse de afecto entrañable y de bondad, humildad, amabilidad y paciencia, de modo que se toleren unos a otros y se perdonen si alguno tiene queja contra otro.

Así como el Señor los perdonó, perdonen también ustedes. Por encima de todo, vístanse de amor, que es el vínculo perfecto» (Colosenses 3:12-14).

Esa es una descripción bastante nítida de cómo puedes intentar comportarte con las personas que amas, ¿verdad? Con tu familia tomará aún más esfuerzo «vestirte» con la actitud correcta. El perdón ciertamente es importante en la familia, y el amor es fundamental. Sirve a tu familia con actitudes (y acciones) que honren a Dios, que promuevan amor, y que creen unidad entre tus padres, tus hermanos y tú.

SIRVE A TUS AMIGOS

Servir a tus amigos es otro gran paso. Tus amigos son importantes. Valoras pasar tiempo junto a ellos, hacer cosas con ellos y compartir con ellos todo tipo de experiencias de vida alocadas. Estas experiencias son una parte muy importante de tus años de juventud. Pero... ¿servirlos? ¡Sí! Jesús nos invita a estar siempre al acecho de oportunidades para servir.

Ser un verdadero amigo significa algo más que ir al cine o a las tiendas juntos. La verdadera amistad está basada en el amor del uno por el otro. Si eres un verdadero amigo, te preocupas por lo que ocurre en la vida de tus amigos... y, a cambio, esperas que ellos se preocupen por tu vida también. Pero aún si no lo hicieran, la verdadera amistad es servir sin esperar nada a cambio.

Puede que no consideres como un «amigo» a cada muchacho o a cada chica en tu escuela, pero ese es uno de los mejores lugares para descubrir, desarrollar y dirigir un estilo de vida de servicio a otros. Piensa en todas las maneras en las que puedes ayudar a las personas en tu escuela. Estos son tus compañeros. Esta es tu generación. Tienes algo que ofrecer e invertir en sus vidas.

Imagina que estás en el gimnasio o en la cafetería o en el hall de entrada... dondequiera que puedas ir para tener una buena vista de tu escuela. Ves a todo el cuerpo estudiantil reunido. Están hablando, riendo y haciendo chistes. Algunos están en el centro de la acción mientras que otros están sentados en las orillas (recuerdas el Capítulo 5 sobre las personalidades únicas, ¿verdad?). Mira la multitud. ¿Qué ves? ¿Qué vería Jesús si estuviera parado al lado tuyo mirando al mismo grupo de personas?

Esto es lo que dice la Biblia acerca de la reacción de Jesús frente a las personas de su propia época: «Al ver a las multitudes, tuvo compasión de ellas, porque estaban agobiadas y desamparadas, como ovejas sin pastor» (Mateo 9:36). ¡Vaya! Jesús tenía ojos que podían ver la verdadera condición del corazón. El buen samaritano vio al hombre herido con esos mismos ojos. Y Dios te ha dado a ti «ojos espirituales» para que mires con compasión a tus amigos, a tus compañeros de clase y a tus camaradas. ¿Describe esto la manera en que ves usualmente a la gente de tu escuela? ¿Ves a gente que debería ser eludida e ignorada? ¿O los ves del mismo modo en que Jesús los ve? ¿Ves personas en necesidad? ¿Ves a jóvenes que tan solo anhelan que alguien realmente se preocupe por *ellos*?

Una vez que ves a tus amigos y compañeros de la manera en que Jesús los ve, ¿cómo respondes? Puede que haya habido momentos en los que *pensaste* cuán bueno sería ayudar en las necesidades de otro, pero cuando realmente te enfrentaste a una situación real, te retiraste por miedo u orgullo. He encontrado un lema cursi pero sencillo que captura la esencia de un sirviente: «Lo encontraste, es tuyo». (Me pregunto si fue escrito por la misma persona que dijo «Lo oliste primero, fue tuyo»). El buen samaritano tenía una actitud del tipo «lo encontraste, es tuyo». Jesús nos dijo que el samaritanos vio la necesitad (la encontró) y actuó («es mi deber hacerme cargo»). Él no esperó a que alguien más ayudara. Él tomó la iniciativa.

Mantén tus ojos abiertos a oportunidades de servir a otros con amor.

SIRVE EN LA IGLESIA

Este puede parecer el lugar obvio para perseguir tu impacto para el Reino. Pero quiero que pienses más a fondo sobre lo que significa conectarte y servir en tu iglesia. Algunos jóvenes piensan que la iglesia es un lugar aburrido al que tienen que ir cada semana para poner contentos a mamá y papá y asegurarse de recibir su mesada. Estoy convencido de que la iglesia puede ser algo muy diferente. La iglesia no tiene por qué ser aburrida. Puede ser un lugar atractivo y emocionante, porque la presencia de Dios está allí en la vida de cada creyente. Dios no es aburrido, así que la iglesia no tiene por qué ser aburrida tampoco.

> Dios no es aburrido, así que la iglesia no tiene por qué ser aburrida tampoco.

Pero hacer que una iglesia sea *atractiva* es diferente de *entretenerse* en la iglesia. Si eres un seguidor de Jesús, tu propósito no es sentarte con las piernas cruzadas y permitir que otras personas te entretengan cada semana. Tu propósito es entrar al juego y vivir tu impacto para el Reino.

Una iglesia (y, más específicamente, su ministerio juvenil) es un lugar donde puedes encontrar motivación y apoyo mientras descubres, desarrollas y diriges tu impacto para el Reino.

La lista de maneras en las que puedes servir en tu iglesia es infinita. Anótate en algún rol de voluntario para recibir a las visitas o a las personas nuevas que asisten a cada reunión. Ayuda en el ministerio infantil. Date una vuelta por allí los sábados para recoger la basura o limpiar el césped de la iglesia. Ofrécete para orar por otros jóvenes después del culto o reunión juvenil. Ayuda con un grupo pequeño o con un estudio bíblico. Toca algún instrumento en un grupo de música. Dondequiera que haya necesidad, hay una oportunidad para servir.

Hace muchas, muchas tazas de té helado atrás, tú y yo comenzamos a hablar sobre los dones espirituales (Capítulo 2). Dios quiere que uses esos dones para ayudar a otros cristianos acercarse a él. Tu iglesia local te necesita a ti y a los dones, talentos e ideas que tienes. De hecho, sin ti, tu iglesia y tu grupo juvenil estarían incompletos. Algo falta si no tomas la iniciativa de servir. Busca una manera de servir.

Pero no permitas que tu servicio se detenga en los límites del terreno que ocupa la iglesia.

SIRVE A TU CIUDAD

No conozco mucho sobre tu pueblo o ciudad. Ahora que lo pienso, tal vez no sepa *nada* sobre tu pueblo o ciudad. Puede que vivas en una comunidad rural o en una gran metrópolis urbana. No importa. Es posible que yo no conozca tu ciudad, pero te puedo decir esto: estás rodeado de personas necesitadas. Todo el mundo sufre de alguna manera, y todo el mundo puede servir de alguna manera.

> Todo el mundo sufre de alguna manera, y todo el mundo puede servir de alguna manera.

Muchas de las personas necesitadas no cruzan las puertas de la iglesia. Están sentadas en las orillas de la carretera. Están reunidas en los restaurantes y en los supermercados y en los centros comerciales. Están trabajando en sus hogares o manejando sus negocios o intentando ganar el dinero suficiente para poner un plato de comida sobre la mesa. Puede que algunas de estas personas vengan a tu iglesia en busca de ayuda. Pero muchos no lo harán. Tú tienes que llegar a ellos. Tú tienes que orar y pedirle a Dios que te dé oportunidades para conocer personas y servirles. Alcanzar tu ciudad significa salir, encontrar a las personas más necesitadas de ayuda y esperanza, y compartir con ellas el amor de Cristo por medio de actos de servicios llenos de cariño.

> «Él [Jesús] simplemente nos enseñó la bendita verdad que dice que no hay nada más divino y celestial que ser el siervo y el que ayuda a todos. El siervo fiel, que reconoce su posición, halla verdadero placer en suplir las necesidades de sus amos o de sus invitados. Cuando veamos que la humildad es algo infinitamente más profundo que la tristeza, y la aceptamos como nuestra participación en la vida de Jesús, comenzaremos a aprender que ésta es nuestra verdadera nobleza y que probar ser sirvientes de todos es la satisfacción más grande de nuestro destino, como hombres creados a imagen y semejanza de Dios.»
> Traducido de: Andrew Murray, «*Humility*» (Libro disponible en español bajo el título «Humildad, hermosura de su santidad».

Eso es lo que Jonathan hizo. Él es un estudiante de escuela secundaria que no está sentado en la orilla. Cuando escuchó sobre una oportunidad de ayudar a las personas sin hogar en su localidad, inmediatamente dijo que sí. Ahora, una vez al mes se une a un equipo de personas de su iglesia que ofrecen alimentos a las personas sin hogar y a los más necesitados. Es una forma de servir que une su pasión por ayudar a las personas, su personalidad tranquila y amorosa, y su habilidad para acercarse a las personas desconocidas con una sonrisa.

Pon tu fe en acción sirviendo a las personas de tu comunidad. Trabaja como voluntario en una organización sin fines de lucro. Ofrécete para entrenar a un equipo infantil de fútbol. Conviértete en tutor de un estudiante más joven que tú. Únete a programas que ayuden a las personas solas y abandonadas. O simplemente organiza un grupo de amigos y realicen proyectos de servicio comunitario para sus vecinos, como hicieron Jessica y su equipo.

SÓLO SE TRATA DE DAR

Dios es dador; esto está en su naturaleza. Juan 3:16 probablemente es el versículo más famoso de la Biblia (aunque «Jesús lloró» puede que cerca, ya que es tan fácil de recordar... puedes buscarlo en Juan 11:35). El mensaje de Juan 3:16 se refiere precisamente al dar. Dios dio a su único Hijo, Jesús, porque nos ama y porque quiere que experimentemos el perdón y una eternidad con él. Dios ama... por lo tanto, da.

> La vida se trata de dar, no de recibir.

La vida se trata de dar, no de recibir. Realmente espero que puedas captar la idea ahora, siendo joven, ya que puede librarte de una vida de decepciones. He conocido demasiados adultos que no aprendieron este principio hasta más tarde en su vida (o nunca lo aprendieron). Pasaron años recibiendo, recibiendo y recibiendo, solo para darse cuenta de que habían desperdiciado sus vidas en cuestiones sin sentido. Mira lo que les dijo Jesús: «Den, y se les dará: se les echará en el regazo una medida llena, apretada, sacudida y desbordante. Porque con la medida que midan a otros, se les medirá a ustedes» (Lucas 6:38).

No te recuestes y esperes al mañana. Esta es tu oportunidad de descubrir, desarrollar y dirigir tu impacto para el Reino. No permitas que la obra maestra de Dios se desperdicie. No te quedes dentro de las cómodas paredes de tu iglesia o dentro de la protección de tu hogar. Devuélvele algo a tu comunidad. Devuélvele algo al mundo que te rodea. Dios te ha dado el *hoy*, y está listo para que entres al juego... y durante el camino, ¡Él te ayudará a crecer!

AFILA TU SERVICIO

¿Puedo confesarte algo? De vez en cuando, durante la tarde de algún sábado, me siento frente a la televisión a ver juegos de tenis. Sí, me doy cuenta de que el tenis no es el deporte más emocionante para ver en la televisión. La pelota va de un lado a otro y de un lado a otro. Los jugadores refunfuñan cuando golpean la pelota, y los oficiales le piden a la multitud que haga silencio antes de cada servicio. Televisión verdaderamente emocionante. Aaaahhh... (bostezo).

Pero en ocasiones el deporte captura mi atención, cuando me detengo a pensar sobre la dedicación y el compromiso de los atletas. ¿Has jugado tenis alguna vez? Es mucho más difícil de lo que parece. Golpear la pelota al ángulo correcto, utilizar la cantidad de fuerza correcta para pasar la red pero manteniéndose dentro de los límites, hacer un saque con poder y precisión...

estas destrezas requieren práctica, entrenamiento, trabajo arduo, más práctica, entrenamiento, victorias, derrotas, más prácticas, otra dosis de entrenamiento y probablemente un poco más de práctica. Ser bueno en el tenis (o en cualquier otro deporte) no sucede de la noche a la mañana.

Lo mismo se aplica a tu impacto para el Reino. Tal vez servir a otras personas te parezca «fácil» al principio. Hay un sentido de alegría y emoción por esta nueva experiencia. Pero, luego, un día te das cuenta de que la motivación emocional desapareció. ¿Qué haces? ¿Te rindes y buscas algo nuevo y «divertido» en lo que ocupar tu tiempo, ahora que no hay más jaulas de conejos para limpiar? ¿Te sientas a quejarte sobre lo difícil y poco gratificante que es servir a otros? ¿Te quejas porque estás teniendo un mal día en el que ni siquiera tu cabello parece cooperar quedándose bien peinado? (Mmm... tal vez esa pregunta está fuera de lugar).

Es sumamente importante que continúes aprendiendo a medida que sirves, y esto es particularmente cierto si quieres ser un líder.

¿O te mantienes firme en tu lugar y comienzas a cavar más profundo? Eso es lo que hacen los grandes atletas. Eso es lo que hacen los músicos de primera. Es lo que hacen los artistas, escritores, arquitectos, maestros, diseñadores, estudiantes, oradores, pastores y voluntarios de alto calibre. Reconocen que necesitan mejorar. Entienden la importancia de «afilar» su servicio.

Tanto tú como yo somos una obra de arte en progreso... Dios no ha terminado con nosotros aún. Eres un joven con décadas de vida y de servicio por delante. Es sumamente importante que continúes aprendiendo a medida que sirves, y esto es particularmente cierto si quieres ser un líder. Me gusta decirles a los jóvenes que si van a ser líderes, tienen que convertirte en aprendices primero. Desde el momento en el que dejes de aprender, dejarás de ser un líder efectivo.

Aprende de tus victorias mientras sirves a otros. Descubre dónde sientes la mayor de las pasiones y la más profunda de las satisfacciones. Fíjate en qué lugar tu inversión tiene el mayor impacto. Encuentra los lugares donde tus esfuerzos hagan mejores y más fuertes a otras personas.

Y aprende de tus errores. Ocurrirán. ¡Te aseguro que en algún momento fallarás! Eso no es malo. No puedo siquiera comenzar a mencionarte todos los errores que he cometido en mis años de ministerio. ¡Estás en buena compañía! La clave es aprender de los errores que cometes. ¿Estás sirviendo en el lugar correcto o no? ¿Es este un problema de «sapos de otro pozo»? ¿Te aferraste demasiado a tus responsabilidades? ¿Sirves en este área por las razones equivocadas? Dios sabe que cometerás errores, y aún así te sigue amando. Tus limitaciones se convertirán en una herramienta que utilizarás para afilar tu servicio.

Y otra cosa más: Dios nos diseñó para servirnos los unos a los otros, y no puedes hacer eso bien si intentas trabajar tú solo todo el tiempo. No importa lo que hayas escuchado, no fuiste hecho para ser un «llanero solitario» cristiano. Afilar tu servicio y mejorar tu impacto para el Reino suceden mejor cuando estás conectado con otros. Un buen equipo te hará más fuerte, y tú podrás ayudar a fortalecer a tus compañeros. En el próximo capítulo hablaremos sobre cómo construir un sistema de soporte (una comunidad atenta) a tu alrededor. Con el equipo apropiado a tu lado, quedarás impresionado de lo que Dios puede hacer en y a través de ti.

> Dios nos diseñó para servirnos los unos a los otros, y no puedes hacer eso bien si intentas trabajar tu solo todo el tiempo.

PARA REFLEXIÓN, DIARIO PERSONAL O DISCUSIÓN EN GRUPOS PEQUEÑOS

¿Cuáles son algunas de las cosas que has aprendido sobre Dios en este capítulo?

¿Cómo puedes encontrar una manera de servir a alguien esta semana?

Piensa en dos personas en tu vida que sean modelos de servicio. Pregúntales cómo mantienen sus corazones motivados para servir. Anota las observaciones que recibas de ellos.

1.

2.

¿Cuáles son dos pasos de fe que puedes tomar para servir a tu familia, a tus amigos, a tu iglesia o a tu comunidad?

1.

2.

«Hay amigos que llevan a la ruina,

y hay amigos más fieles que un hermano.»

Proverbios 18:24

NECESITA UN EQUIPO

Chuck estaba herido. No había podido caminar durante varios años. Los doctores decían que tenía una parálisis y que no había nada que pudieran hacer. No es de sorprender que Chuck no estaba contento con las noticias de los médicos. Él quería caminar de nuevo, más que cualquier cosa que pudiera imaginar.

Un día, varios amigos pasaron por su casa para ver cómo andaba Chuck. No era un buen día... Chuck estaba deprimido y pesimista. «No hay esperanza. Mi vida nunca va a cambiar», decía.

Afortunadamente, sus amigos eran un poco más optimistas. También querían ver caminar a Chuck nuevamente, y detestaban verlo tan desanimado. José dijo que había visto un reportaje en la televisión sobre un predicador que tal vez podía ayudar. Aparentemente, este hombre realizaba todo tipo de sanidades. La idea sonaba loca, pero tal vez debían arriesgarse y llevar a Chuck a ver a este obrador de milagros. ¿Qué tenían para perder?

Entraron a la página Web del sanador y se emocionaron cuando vieron que estaría predicando esa tarde cerca de donde ellos vivían. Aunque era una idea alocada, todos los muchachos estuvieron de acuerdo con que harían lo posible por llevar a Chuck allá, para ver si este predicador-sanador podía hacer lo que parecía imposible.

Movieron a Chuck a un catre; cada uno de los cuatro muchachos lo agarró de una esquina y salieron. Cuando llegaron al lugar donde estaba el sanador, quedaron sorprendidos por la cantidad de gente que había allí. Dentro del recinto no había sillas, estaban todos de pie, y aún había más gente afuera. No había manera de que pudieran pasar por las puertas para ver al predicador-sanador. Ya estaban atorados entre muchas otras personas sufrientes. Se sentían empantanados, y el pequeño rayo de esperanza que Chuck había sentido cuando emprendieron ese alocado viaje comenzaba a desvanecerse rápidamente. De repente, José tuvo una gran idea, aún más alocada de lo que habían hecho hasta ese momento. José había visto una escalera de emergencia en la parte trasera del edificio. «¿Qué tal si trepamos e intentamos buscar una manera de que Chuck entre al cuarto desde *arriba* del edificio?», pensó.

Aunque sonaba loco, los otros amigos accedieron. «Probemos. Ya estamos aquí... ¿por qué no intentarlo?».

Mientras maniobraban cautelosamente para subir por las escaleras de emergencia cargando a Chuck en la camilla, todos los muchachos sudaban y reían. «Bueno, las buenas noticias son que si dejamos caer a Chuck, no sentirá nada». Todo el mundo volvió a reírse, aunque Chuck oraba más de lo que reía. Sabía que la situación era bastante extraña, pero quería desesperadamente que el plan funcionara.

Cuando los amigos llegaron a la parte superior del edificio, se dieron cuenta de que no había una forma clara y fácil de entrar por arriba. Así que, motivados por la desesperación, comenzaron a arrancar las tejas del techo para crear una abertura. Teja tras teja iban saliendo, hasta que al final abrieron un hueco lo bastante grande como para permitirles hacer lo inimaginable: encontraron un poco de soga y bajaron a Chuck al cuarto.

¿Puedes imaginarlo? En el medio de una casa llena, bajaron a Chuck por el techo hasta que quedó cara a cara con el predicador. Su nombre era Jesús.

Jesús le dijo a Chuck que sus pecados habían sido perdonados. Luego le dijo que se pusiera de pie y caminara. Chuck caminó. Fue sanado. Incluso comenzó a saltar y a alabar a Dios por su sanidad milagrosa. Fue una gran muestra de amistad y del poder del Dios-hombre, Jesús.

Lo acepto, he cambiado unos cuantos detalles al narrar este hecho que ocurrió hace 2 mil años. Para leer la historia original, puedes buscar el capítulo 5 de Lucas (y no te sorprendas si no ves el nombre «Chuck»). Te cambié algunos detalles de la historia, pero la Biblia deja bien claro que el hombre paralítico no hubiera experimentado la sanidad de Jesús si no fuera por la ayuda de algunos amigos dispuestos a tomar riesgos. El hombre necesitaba la sanidad de Jesús (lo imposible), pero también necesitaba un equipo que lo llevara hasta Jesús (lo posible). Fue una persona sana porque sus amigos se preocuparon lo suficiente como para trabajar en pos de su beneficio.

... la Biblia deja bien claro que el hombre paralítico no hubiera experimentado la sanidad de Jesús si no fuera por la ayuda de algunos amigos dispuestos a tomar riesgos.

¿Qué hay de tu vida? ¿A dónde vas cuando necesitas ayuda? ¿Tienes a algún amigo, mentor, o pastor? ¿Tal vez tienes un maestro, un vecino, o alguien de tu grupo pequeño? Lo importante es esto: necesitas personas en tu vida que te apoyen a medida que comienzas a expresar tu FORMA.

Necesitas personas en tu vida que te apoyen a medida que comienzas a expresar tu FORMA.

Querer tener un amigo cercano o grupo de amigos no es ser egoísta. Las relaciones saludables con otras personas son una necesidad básica si estás vivo y respiras. Todos necesitamos buenos amigos. Necesitamos personas que crean en nosotros, que disfruten de estar cerca de nosotros, que estén dispuestas a ayudarnos, a reír con nosotros y a prestarnos sus videojuegos. La vida sin amigos simplemente no sería tan rica ni tan gratificante.

Los buenos amigos no solo te inspirarán a descubrir tu FORMA especial, sino que también te ayudarán y te desafiarán a desarrollarla para producir tu impacto para el Reino. ¡Todos necesitamos personas que vayan por la vida con nosotros! ¿Por qué? ¡Porque juntos estamos mejor!

LOS BUENOS AMIGOS PUEDEN AYUDAR A TU IMPACTO PARA EL REINO

La vida es mucho más divertida cuando eres parte de un equipo. Crecí jugando deportes, así que uso muchas metáforas deportivas cuando hablo y escribo. Imagina jugar béisbol por tu cuenta. Jugar solo a «quemadas» (o al «quemado») se vuelve monótono muy rápidamente (y muy cansador cuando tienes que perseguir una pelota que no tiraste a nadie). Es difícil jugar en ambos lados de una cancha de voleibol, ¿verdad? Los lanzadores necesitan un catcher. Los jugadores delanteros necesitan a los defensores. Los jugadores en la línea ofensiva necesitan al mariscal de campo. Los defensores necesitan porteros (o guardametas).

Incluso los atletas de deportes aparentemente «individuales» (como el tenis, el golf o el atletismo) requieren de otros para ser exitosos. Todos los golfistas, corredores y tenistas destacados del mundo tienen entrenadores físicos, coaches y managers. Y todos los aletas te dirán cuánto ayuda tener admiradores o porristas que los motiven y los alienten a seguir. Puede que una persona esté «compitiendo», pero todo el equipo es parte del proceso.

Fuiste diseñado para formar parte de un equipo. Dios te quiere rodear de personas que serán parte de tu vida... personas que te pueden ayudar a descubrir tu FORMA y a vivir tu impacto para el Reino. La Biblia dice: «Preocupémonos los unos por los otros, a fin de estimularnos al amor y a las buenas obras. No dejemos de congregarnos, como acostumbran hacerlo algunos, sino animémonos unos a otros, y con mayor razón ahora que vemos que aquel día se acerca» (Hebreos 10:24-25).

> **Preocupémonos los unos por los otros, a fin de estimularnos al amor y a las buenas obras.**

Tu equipo pueden ser unos cuantos amigos cercanos en quienes puedas confiar. Puede ser tu grupo pequeño de la iglesia. Puede ser un grupo de jóvenes que trabajan como voluntarios en un comedor comunitario, o un grupo de líderes estudiantiles que hacen de tu escuela un lugar mejor. Puede ser un equipo ministerial en tu iglesia. Un equipo es simplemente un grupo de personas comprometidas con una causa común y los unos con los otros. Piensa en el siguiente versículo de la Biblia: «Uno solo puede ser vencido, pero dos pueden resistir. ¡La cuerda de tres hilos no se rompe fácilmente!» (Eclesiastés 4:12). Esa es una gran metáfora sobre la amistad.

En un día cualquiera, tu equipo de amigos puede proporcionarte gran inspiración. Durante una emergencia, tu equipo se convierte en una especie de salvavidas espiritual, ayudándote a sobrevivir. Un equipo de amigos saludable es un espacio en el cual la «cuerda de tres hilos» es puesta a prueba... y resulta vencedora. Las buenas amistades te ayudan a no rendirte.

Para que puedas vivir la FORMA que te fue dada por Dios necesitas un equipo de amigos que sean mejores cuando están juntos. Y necesitas jugar tú tu parte en el equipo.

JUEGA TU PARTE EN EL EQUIPO

El Nuevo Testamento está lleno de escritos del apóstol Pablo. Pablo era un genio en emplear analogías para ayudarnos a entender las verdades bíblicas. Una de las analogías más conocidas de Pablo se encuentra en 1 Corintios 12, donde compara al cuerpo de Cristo (a todos los cristianos) con el cuerpo humano. Él observa que cada parte del cuerpo humano tiene un rol importante que llevar a cabo sin importar cuál sea su visibilidad. El cuerpo no solo necesita al ojo, la nariz o la mano. ¡Se necesitan todas las partes del cuerpo! Si el cuerpo fuera tan solo un gran pie, no sería efectivo (y sería bastante asqueroso).

Pablo dice que lo mismo se aplica al cuerpo de Cristo. Cada uno de nosotros tiene un rol único que desempeñar. Esa es otra razón por la que es importante descubrir tu FORMA particular. ¡Tienes un rol que llevar a cabo en el cuerpo!

Y qué tal este pensamiento: Si algunas personas son oídos u ojos, y otros son pies o mano, entonces, ¿quién es el dedo meñique del pie? ¿Existe un páncreas o un fémur o una rodilla o incluso un colon «espirituales»?

De acuerdo, admito que probablemente estoy pensando demasiado en esto. Pero tenme paciencia por un momento. No es muy difícil ser una mano o un ojo o un pie. Estas partes del cuerpo se usan con frecuencia, y somos bastante conscientes de que existen.

Pero, ¿qué hay de las partes menos visibles, aquellas que reciben bastante poca atención? Probablemente no pasas mucho tiempo pensando en tus riñones o en tu fémur o en tu dedo pequeño... ¡a menos que haya un problema! Si esa parte del cuerpo deja de trabajar bien, ¡entonces sí que te das cuenta!

Cuando las partes de tu cuerpo funcionan correctamente, los doctores dicen que estás «sano». Eso es lo que estás buscando en una amistad. Quieres amistades en las que todos (incluso tú) lleven a cabo un rol, y en las que nadie piense que él o ella es el «único» importante. Las amistades saludables se apoyan mutuamente.

En el fútbol americano, la gente le presta demasiada atención al mariscal de campo. Él es la fuerza guía en el campo y él ejecuta las jugadas. Pero el mariscal necesita buenos receptores y corredores que lo ayuden a anotar. Necesita bloqueadores que ayuden a que no sea tacleado inmediatamente cada vez que toma posesión del balón. Y también necesita una buena defensa que impida que el equipo contrario anote. Ningún equipo de fútbol americano puede ganar con tan solo un mariscal de campo, y tu equipo no puede ganar a menos que cada uno juegue en su posición... aunque no sea el rol «estelar» del equipo. Un equipo saludable reconoce el valor que cada persona aporta. Haz tu parte, y tu equipo de amigos será más fuerte.

> Un equipo saludable reconoce el valor que cada persona aporta. Haz tu parte, y tu equipo de amigos será más fuerte.

FORTALECE TU EQUIPO

Tienes algo importante que dar. Tu equipo te necesita. En realidad, ese es el mensaje que he estado buscando que abraces durante toda nuestra conversación en este café. Dios te formó con una combinación única de dones espirituales, pasiones, habilidades, características personales y experiencias. Su plan creativo es que tomes tu vida y que la inviertas en otros, sirviéndolos y ayudándolos a descubrir, desarrollar y dirigir *su propio* impacto para el Reino. Estas personas harán lo mismo con otros, y el proceso se repetirá una y otra vez.

Intercede por la bendición de Dios sobre tus amistades. Intercede por tus amistades y pídele a Dios que los ayude a experimentar relaciones más fuertes y profundas con él y con las personas que los rodean. Invierte tiempo con Dios todos los días, y pídele que los proteja, que los guíe y que los dirija.

Busca maneras de invertir tiempo en la vida de tus amigos. Dentro de unos años tal vez olvides lo que aprendiste en inglés o matemáticas o historia (si es que todavía lo recuerdas ahora), pero nunca olvidarás las conversaciones hasta la madrugada, los momentos locos, y las experiencias increíbles que te dejaron un sentido de pertenencia y de conexión con algún amigo. Aunque sea solo estar ahí el uno para el otro es una inversión inmensa que puedes hacer.

Descubrir, desarrollar y dirigir tu propio impacto para el Reino es otra forma importante de invertir en la vida de tus amigos. ¿Has notado alguna vez que cuando pasas tiempo cerca de personas que crecen espiritualmente, tú también deseas crecer? Entrena con un corredor que sea mejor que tú, y te fortalecerás. Toca tu instrumento con un músico que sea mejor que tú, y tus destrezas mejorarán. Observa cómo trabaja un pintor que sea mejor que tú, y aprenderás nuevas formas de comunicarte por medio del arte. Sigue creciendo. Continúa afilando tu servicio para que se transforme en una inversión que te beneficiará a ti *y también* a tus amigos.

Nuestra conversación está llegando a su final, pero quiero dejarte unas palabras de sabiduría y motivación para que las lleves contigo (eso quiere decir que solo queda un capítulo). No quiero que te retires de nuestra larga conversación y que luego no hagas nada. Quiero que pongas estas ideas en práctica. ¿Quién sabe? ¡Tal vez tú cambiarás el mundo!

PARA REFLEXIÓN, DIARIO PERSONAL O DISCUSIÓN EN GRUPOS PEQUEÑOS

¿Cuáles son algunas de las cosas que has aprendido de este capítulo sobre la importancia de tener buenas amistades?

Escribe a Dios una carta de agradecimiento por una persona que recientemente te haya ayudado en un momento de necesidad. Luego, escribe una carta de agradecimiento a esa persona y entrégasela.

Piensa en dos personas que conozcas que te inspiren por la manera en la que se preocupan por sus amigos y por otras personas cercanas a ellos. ¿Qué es lo que piensas que ellos tienen, que hace la diferencia?

1.

2.

¿Cómo puedes invertir tú en otra persona esta semana?

Pasa algo de tiempo pidiéndole a Dios la sabiduría y la fortaleza que necesitas para desarrollar amistades saludables.

«Estoy convencido de esto: el que comenzó tan buena obra en ustedes la irá perfeccionando hasta el día de Cristo Jesús.»

Filipenses 1:6

DIOS ESTÁ LISTO PARA QUE SIRVAS HOY

No recuerdo mucho de aquel curso de arte que tomé en la universidad (¿recuerdas la experiencia que te compartí en el primer capítulo?). Pero hay una imagen que aún tengo grabada en la mente: recuerdo haber notado que había varias vasijas de barro sin terminar, esparcidas por el salón. Algo obviamente había ido mal en algún momento mientras se realizaban esos proyectos, lo que provocó que los estudiantes abandonaran sus creaciones. Las vasijas parcialmente trabajadas se habían derrumbado, el barro se había endurecido, y habían sido abandonadas como objetos sin valor. Esa era una imagen triste. Intentos de arte... solos, rotos, sin nadie a quien le importaran lo suficiente como para reclamarlos.

¿Te has sentido alguna vez verdaderamente solo? ¿Has sentido alguna vez que nadie te quiere? Tal vez fuiste literalmente abandonado por tu mamá o tu papá cuando eras niño. O tal vez, en el camino de la vida, tuviste algunos «amigos» que demostraron que realmente no eran amigos, siendo de todo menos fieles, y excluyéndote de su grupo. Todas las personas que conozco han experimentado algunos momentos de soledad. A veces, hasta puede parecer como si Dios no estuviera ahí.

La buena noticia que quiero que recuerdes es que Dios no deja a sus obras de arte solas o sin terminar. Echemos otro vistazo al versículo de Filipenses citado al comienzo de este capítulo. Me encanta la manera en que se expresa esta verdad en la versión de la Biblia en inglés llamada *The Message*. Aquí lo tienes, tomado de ahí, y traducido al castellano: «No ha habido nunca la más mínima duda en mi mente de que el Dios que comenzó esta gran obra en ustedes, la continuará y le dará un final próspero el mismísimo día en que Cristo Jesús aparezca» (Filipenses 1:6). Cuando Dios comienza un proyecto (como por ejemplo *tú*) no lo abandona. Sus planes son continuarlo hasta que esté completo. De eso no hay duda.

El plan de Dios para tu vida es un largometraje, y es para pantalla grande.

El plan de Dios para tu vida es un largometraje, y es para pantalla grande. Él es el Artista que comenzó este proyecto llamado «*tú*,» y es el Artista que lo trabajará hasta su cumplimiento. En ocasiones tal vez creas que sus planes han cambiado o que ha decidido que su primera idea fue un error. Pero puedes estar confiado de que Dios sabe lo que hace.

Ha habido muchos momentos en mi vida en los que me he preguntado qué era lo que Dios estaba haciendo. Oraba para se abriera una puerta... pero no se abría. Estaba convencido de mi próximo paso para un proyecto... y las cosas cambiaban de repente. Pensaba: «Dios, ¿qué estás haciendo? ¿Por qué no estás dirigiendo mi vida por donde yo creo que debe ir?». Afortunadamente, como soy un seguidor de Jesús desde los catorce años, esos momentos en que no podría ver lo que Dios tenía en mente para mí me ayudaron a tener un mejor entendimiento de Proverbios 16:9: «El corazón del hombre traza su rumbo, pero sus pasos los dirige el SEÑOR.»

Si vas a alcanzar tu máximo potencial como un seguidor de Jesús que descubre, desarrolla y dirige su FORMA, necesitarás permanecer en el torno del alfarero.

Los artistas que trabajan con barro utilizan un torno para girar la vasija mientras la moldean. Durante el tiempo que la vasija está en el torno, el artista puede continuar su creación. Una vez que la vasija sale del torno, se endurecerá y dejará de ser moldeable. Lo que te recomiendo es que te mantengas conectado a Dios y cerca de él, para que permanezcas moldeable en sus manos. Ahí es donde Dios quiere que estés mientras continúa su trabajo de completar tu FORMA para tu impacto para el Reino.

EL 1 ES UN NÚMERO GRANDE

Mientras tú y yo estamos sentados en este café acercándonos al final de nuestro tiempo juntos, me haces una pregunta que he escuchado muchas veces de boca de muchos jóvenes: «Entiendo la idea de la FORMA pero, ¿cómo puede usarme Dios para llevar a cabo un impacto para el Reino cuando soy solo *una* persona?» ¡Es una excelente pregunta! En un mundo de 6 mil millones de personas, ¿cómo puede Dios usar a *una* persona para hacer algo bueno? El 1 no parece un número tan grande.

¿Recuerdas la historia de Jesús alimentando a miles de personas con tan solo cinco panes y dos peces? En Juan 6 leemos que Jesús había estado ministrando y enseñando un día entero y que miles de personas lo seguían por todos lados. Jesús sabía que tenían hambre, así que se dirigió a sus discípulos para ver si ellos tenían un plan para alimentar a todos. Jesús le preguntó a Felipe dónde podían comprar pan para todo el mundo.

¡Imagínate a ti mismo si hubieras sido Felipe! Jesús estaba poniendo a prueba a Felipe, porque él ya tenía una solución para el problema. ¡Vaya examen sorpresa!

La solución no era pasar cestas vacías para levantar una ofrenda. Nadie corrió al cajero automático ni llamó a la pizzería local para hacer una orden gigante. La solución estaba en las manos de un niño que había traído cinco panes y un par de peces. ¡Eso no es mucha comida! No es siquiera suficiente para alimentar a los doce discípulos más cercanos a Jesús. No hay forma de que pudiera saciar el hambre de miles... eso era imposible, ¿verdad? ¡Pues no!

Jesús tomó el pan, hizo una oración, y repartió comida a todo el mundo. Luego tomó los peces e hizo lo mismo. No solo todos comieron, sino que sobraron doce canastas de restos de pan (que jamás pueden haber sido tan olorosas como las doce canastas de sobras de pescado). Jesús simplemente necesitaba a alguien dispuesto a hacer lo posible, para poder hacer él lo imposible.

¿Quién hizo posible que ocurriera este milagro? No fue una gran multitud ni una asamblea. No fue un hombre rico andando en su carruaje de lujo. Fue simplemente un niño que estaba dispuesto a ofrecer lo poco que tenía (hacer lo posible) para que Jesús pudiera convertirlo en mucho (hacer lo imposible).

Puede que mires a tu propia vida y te veas como «tan solo» una persona. Tal vez contemples tu FORMA y te cueste mucho imaginarte cómo Dios podría usarla. Si es así, no eres el único. Conozco muchas personas que piensan que no valen lo suficiente. Pero quiero motivarte a que revises las respuestas de tu perfil FORMA en las páginas 115 - 124 y pienses nuevamente sobre tu FORMA única. Después quiero que comiences a servir. Quiero que hagas lo posible.

Cierto, eres solo una persona. Pero tu sacrificio, tu pasión, tu personalidad, tus experiencias, tus talentos y tus dones espirituales pueden multiplicarse más allá de lo que puedes imaginar, cuando los uses para Aquel que no está limitado por la palabra *imposible*. Tú le entregas a Dios lo posible (tu propio ser y tu FORMA), y él hace lo imposible.

Puedes utilizar estas simples palabras del profeta Isaías: «Aquí estoy. ¡Envíame a mí!» (lee Isaías 6 para conocer todos los detalles). Ten un corazón dispuesto. Muestra una actitud humilde, disponte a servir, encuentra un amigo que te motive... y nunca serás «solamente» una persona en las manos de Dios.

> **Jesús simplemente necesitaba a alguien dispuesto a hacer lo posible, para poder hacer él lo imposible.**

LA EDAD NO IMPORTA

¿Has escuchado alguna vez a un pastor o a algún adulto decir: «Yo creo que los jóvenes son el futuro de la iglesia»? Cada vez que escucho esta declaración me horrorizo. Comprendo que no es malo lo que hay detrás de esas palabras, lo que intentan decir, pero yo no creo que los jóvenes sean el futuro de la iglesia. Creo que son la iglesia de hoy. ¡La iglesia de hoy eres tú!

Puede que te preguntes: ¿cuál es la diferencia? Bueno, si tú fueras «la iglesia del futuro», realmente no tendrías mucho que ofrecer en el presente. Y eso no es cierto. Dios no establece restricciones de edad en lo que respecta a hacer una diferencia en este mundo. No tienes que esperar a ser más grande para descubrir, desarrollar y dirigir tu impacto para el Reino.

David era joven cuando peleó y venció a Goliat. Samuel era joven cuando escuchó la voz de Dios en el tabernáculo. María era joven cuando dio a luz a Jesús. Jeremías pensó que era demasiado joven para ser utilizado por Dios, pero no era cierto. De acuerdo con el apóstol Pablo, la juventud de Timoteo era un beneficio y no un obstáculo. Es muy probable que algunos de los discípulos de Jesús (aquellos sobre los que se lee en la Biblia) hayan sido uno o dos años mayores que tú. Dios no mira el certificado de nacimiento de nadie para determinar si es o no lo suficientemente adulto como para llevar adelante un impacto para el Reino. ¡Dios se fija en el corazón!

¿Recuerdas al niño de los cinco panes y los dos peces? Jesús no rechazó su donación solo porque no tuviera edad suficiente para votar. Sus discípulos desconfiaban... por supuesto, son los mismos que intentaron alejar a los niños de Jesús (lee Marcos 10). Pero Jesús quería pasar tiempo con los niños, y hasta los usó como ejemplo de lo que todos debemos hacer para entrar al cielo (tener una fe como la de un niño).

He aprendido que la gente joven está dispuesta a soñar grandes sueños. Tú crees que Dios es capaz de hacer cosas increíbles en y a través de ti. Y es por eso que tú eres la iglesia de hoy. ¡La iglesia necesita *tu* impacto para el Reino *ya*!

La edad no es un problema para Zach Hunter, un adolescente de quince años de edad de Georgia, Estados Unidos, quién se ha involucrado profundamente en rescatar a esclavos de la época moderna. Hace algunos años Zach se enteró de que aún hoy en día muchas personas son forzadas a vivir como esclavos. Zach no pensó: «Bueno, cuando crezca debo hacer algo al respecto». Él decidió hacer una diferencia ahora mismo, y nunca permitió que su edad fuera un obstáculo.

Al principio, mucha gente no lo tomó en serio. Pero en estos últimos años Zach ha adquirido una plataforma nacional para hablarles a las personas sobre la realidad de la esclavitud en el siglo XXI. Ha estado en la televisión y en la radio. Ha sido entrevistado por los periódicos y revistas más importantes del país. Incluso ha escrito un libro titulado: «*Sé tú la diferencia: Tu* guía para liberar esclavos y cambiar el mundo». Él es tan solo una persona. Es una persona *joven* haciendo una diferencia por una causa en la que cree, y para el Dios que él sigue.

He compartido algo de tiempo con Zach. Él no es un superhéroe. Es un adolescente normal que no tiene miedo de ser usado por Dios. Él ha estado dispuesto para hacer lo posible y para permitir que Dios haga lo imposible.

Tú no eres la iglesia de mañana. Eres la iglesia de hoy.

> **Tú no eres la iglesia de mañana. Eres la iglesia de hoy.**

SIGUE SOÑANDO

¿Qué quieres que haga Dios con tu vida? Esta no es una pregunta egoísta. Es una pregunta de soñador. ¿Cómo quisieras que Dios te use para su gloria? ¿Cómo ves a tu FORMA desenvolviéndose y afectando tu impacto para el Reino? Sigue soñando. Aunque estés terminando este libro y tengas respuestas a las preguntas sobre tu FORMA... sigue soñando.

Como mencioné anteriormente, no está mal soñar grandes sueños si tu meta es honrar a Dios y no a ti mismo. Dios quiere que sueñes en grande.

Sueña con trabajar como misionero en otro país.

Sueña con convertirte en maestro e invertir tu vida en la próxima generación.

Sueña con comenzar una cadena de empresas que ofrezca empleos para familias de las zonas marginadas.

Sueña con utilizar la tecnología para luchar contra las enfermedades de las naciones en desarrollo.

Sueña con escribir libros que inspiren, alienten y motiven a otras personas a acercarse más a Dios.

Sueña con hacer música que impacte vidas gracias a su creatividad y a su mensaje positivo.

Revive tus sueños viejos. Llena de combustible tus sueños de ahora. Sueña nuevos sueños. Persigue sueños futuros. Sueña hoy sobre cómo Dios puede usar tu impacto para el Reino para su honra.

ORA POR RESULTADOS ETERNOS

En última instancia, tu impacto para el Reino necesita de la bendición de Dios. Puedes soñar, planificar y trabajar, pero también necesitas orar. A veces es fácil creer que si deseas buenos resultados todo lo que debes hacer es trabajar duro. Eso no siempre es cierto. El trabajo duro es importante, pero los resultados no dependen de ti. Los resultados están en las manos de Dios.

Eso me recuerda algo que escribió Pablo en una carta a los cristianos en Corinto. Pablo había trabajado mucho entre la gente de Corinto. Pero les recordó que ni él ni el otro líder de la iglesia, Apolos, podían recibir crédito por los cambios en la vida de ellos. «Yo sembré, Apolos regó, pero Dios ha dado el crecimiento» (1 Corintios 3:6).

Tu trabajo duro por sí solo no producirá cambios eternos en la vida de nadie. Sí es importante que trabajes duro, y debes ser fiel al usar los dones y habilidades que Dios te ha dado. Pero recuerda que es Dios el que produce el cambio en ti, en mí y en las demás personas.

PERMITE QUE COMIENCE TU IMPACTO PARA EL REINO

¿Estás listo? Hemos estado hablando por mucho tiempo. Has hecho muy buenas preguntas. El camarero ha llenado nuestros vasos/tazas en varias ocasiones.

Nuestra conversación en este café está por finalizar. Es hora de que te prepares para actuar.

> **Estas ideas no son de mucho valor si no las aplicas a tu vida.**

Estas ideas no son de mucho valor si no las aplicas a tu vida. Te podría contar muchas más historias acerca de personas de la Biblia y personas que conozco que han descubierto, desarrollado y dirigido su FORMA para producir un impacto para el Reino. Pero depende de ti el responder al desafío. ¿Estás listo? ¿Estás lista?

Tú eres una obra maestra creada por el Artista Maestro. Él no comete errores. Te ama y tiene grandes planes para tu vida. Ahora tú tienes la oportunidad de continuar lo que Dios comenzó. Oro para que Dios te fortalezca y te muestre cuán especial eres. Vive una vida que honre a Dios. Utiliza tus dones espirituales, tus pasiones, tus habilidades, tu personalidad y tus experiencias para cambiar tu mundo para la gloria de Dios.

Estaré alentándote con mucha emoción a medida que corres con Dios el próximo tramo de tu carrera. De hecho, me encantaría escuchar todo acerca de lo que has aprendido y acerca de cómo estás buscando utilizar tu FORMA única para hacer una diferencia en este mundo. Por favor, ve a www.dougfields.com o envía un correo electrónico a erik@shapediscovery.com y comparte tu historia conmigo. Recuerda: ¡Has sido galardonado por Dios con un montón de cualidades únicas y especiales! ¡Felicitaciones!

PARA REFLEXIÓN, DIARIO PERSONAL O DISCUSIÓN EN GRUPOS PEQUEÑOS

¿Qué aprendiste en este capítulo sobre cómo puedes hacer una diferencia hoy?

¿Qué oportunidades te ha dado Dios para ayudar a cambiar tu mundo hoy?

 ¿Quién te puede ayudar a ser fuerte y valiente mientras das tus próximos pasos?

¿Qué sueño estás confiando en que Dios haga realidad? ¿Estás orando por resultados eternos a partir de ese sueño?

APÉNDICE A

DESCRIPCIONES DE LOS DONES ESPIRITUALES

Aquí tienes una lista que ofrece algunas explicaciones sobre cada uno de los dones espirituales mencionados en el Capítulo 2. Después de leer cada definición, piensa en las experiencias que has tenido al servir a otros y luego circula «sí» si sientes que probablemente tienes ese don, «tal vez» si sientes que es posible pero no seguro que tengas ese don, y «no» si crees que es poco probable que Dios te haya dado ese don espiritual. Cuando termines, copia tus respuestas en tu perfil FORMA de la página 116. Quiero volver a enfatizar aquí lo que escribí en el Capítulo 2: estas solo son preguntas hechas por humanos. Contestar unas cuantas preguntas no te dirá cuál es tu don espiritual... pero este ejercicio puede darte una orientación para comenzar el camino que te llevará a descubrirlo.

Administración: Organizar y ayudar a otros a ser más eficientes para alcanzar sus metas ministeriales. Las personas que poseen este don espiritual...

- Organizan a las personas de manera eficaz para alcanzar sus metas ministeriales.
- Normalmente tienen planes específicos para alcanzar metas claramente definidas.
- Involucran a otras personas, lo que hace posible más logros.
- Disfrutan de tomar decisiones.
- Entienden qué es lo que se necesita hacer para que los sueños se hagan realidad.

Pienso que es posible que tenga este don (circula una)   sí   tal vez   no

Apostolado: Iniciar y liderar nuevos ministerios que promuevan los propósitos de Dios y extiendan su Reino. El significado original de la palabra griega *apóstol* es «el enviado» (literalmente, alguien enviado con autoridad o como embajador). Las personas que poseen este don espiritual...

- Están deseosas de comenzar nuevos ministerios para Dios.
- A menudo reciben con agrado nuevos desafíos riesgosos.
- Disfrutan de generar cambios en la vida de creyentes y no creyentes.

- Desean ser conocidos como representantes de Jesús en su cultura.
- Deliberadamente trabajan duro para que los ministerios alcancen su máximo potencial para Dios.

Pienso que es posible que tenga este don (circula una)   sí   tal vez   no

Discernimiento: Reconocer la verdad o el error en un mensaje, persona o evento. Las personas que poseen este don espiritual...

- Fácilmente pueden «leer» a otros y a menudo no se equivocan.
- Reconocen la fuente espiritual de un mensaje: si es de Dios, de Satanás o humano.
- Reconocen en otros las inconsistencias.

- Identifican fácilmente las verdaderas motivaciones y agendas de las personas.
- Saben cuando la verdad se distorsiona o se comunica con error.

Pienso que es posible que tenga este don (circula una)   sí   tal vez   no

Animar: Ayudar a otros a vivir vidas centradas en Dios al brindarles inspiración, aliento, aconsejamiento y motivación. Las personas que poseen este don espiritual...

- Desean inspirar a otros para que sean más como Jesús.
- Se regocijan con las personas que han superado momentos difíciles con la ayuda de Dios.
- Buscan oportunidades para ayudar a otros alcanzar su máximo potencial como seguidores de Jesús.
- Buscan maneras de animar mediante palabras o acciones.
- Celebran los éxitos de los amigos.

Pienso que es posible que tenga este don (circula una)   sí   tal vez   no

Evangelismo: Compartir el amor de Jesús con otros en una forma que los atraiga hacia una relación personal con Dios. Las personas que poseen este don espiritual...

- Buscan formas de forjar amistades con no creyentes.
- Perciben cuando una persona está abierta al mensaje de las buenas nuevas.

- Probablemente hayan visto a amigos abrazar la fe en Jesús.
- Ayudan a traer a otros a Cristo mediante actos de amor.
- Se preocupan profundamente por los amigos y extraños que no conocen a Jesús.

Pienso que es posible que tenga este don (circula una)   sí   tal vez   no

Fe: Caminar en fe para ver el cumplimiento de los propósitos de Dios, confiando en que él se ocupará de los obstáculos que surjan en el camino. Las personas que poseen este don espiritual...

- Reciben con agrado el tomar riesgos para Dios.
- Disfrutan las situaciones impredecibles.
- Se sienten desafiados por ideas que otros dicen que son imposibles.
- Con frecuencia tienen una vida de oración apasionada.
- Muestran una gran confianza en Dios en sus esfuerzos.

Pienso que es posible que tenga este don (circula una)   sí   tal vez   no

Dar: Apoyar con gozo y financiar diversos emprendimientos que honran a Dios mediante contribuciones monetarias que van más allá del diezmo. Las personas que poseen este don espiritual...

- Planifican y deliberadamente dan más que el diezmo (más que el 10 por ciento de sus ingresos) para ver al Reino de Dios avanzar.

APÉNDICES

- En general prefieren que sus donaciones permanezcan anónimas o con perfil bajo.

- Estratégicamente buscan formas de incrementar sus recursos de modo de poder dar más para el servicio de Dios.

- Ven a sus recursos como herramientas para ser usadas por Dios.

- Reconocen que Dios es el dueño supremo de todo (incluyendo su dinero).

Pienso que es posible que tenga este don (circula una)   sí   tal vez   no

Sanidad: Restaurar a la salud o sanar, por medios que van más allá de los tradicionales y naturales, a aquellos que están enfermos, dolientes y sufriendo. Las personas con este don espiritual...

- Creen firmemente que las personas pueden ser sanadas de forma sobrenatural.

- Oran específicamente para ser utilizados por Dios para sanar a otros.

- Reconocen plenamente que la sanación ocurre solo con el permiso de Dios.

- Ven a la medicina como un medio que Dios puede escoger para la sanación.

- Aceptan su don como viniendo de la mano de Dios y como una forma específica de darle honra a él.

Pienso que es posible que tenga este don (circula una)   sí   tal vez   no

Ayudar: Ofrecer asistencia a otros. Esto a veces se conoce como el don espiritual de «servicio». Las personas que poseen este don espiritual...

- Disfrutan y buscan maneras de servir detrás de las cámaras.
- Buscan formas de ayudar a sus amigos a triunfar.
- Suelen enfocarse en los detalles.
- Buscan maneras de ayudar a otros que están en necesidad.
- No buscan reconocimiento por sus esfuerzos.

Pienso que es posible que tenga este don (circula una)   sí   tal vez   no

Hospitalidad: Proveer a otros de un ambiente cálido y de bienvenida y suplir algunas de sus necesidades básicas. Las personas que poseen este don espiritual...

- Hacen que otras personas se sientan valoradas y atendidas.
- Buscan a aquellos que podrían pasar desapercibidos en una muchedumbre.
- Desean que las personas se sientan amadas y bienvenidas.
- Ven a su hogar como propiedad de Dios, dado a ellos expresamente para hacer que otros se sientan bienvenidos.
- Promueven amistades profundas dondequiera que estén.

Pienso que es posible que tenga este don (circula una)   sí   tal vez   no

Interpretación: Entender, en un momento específico, el mensaje de Dios cuando es dado a través de otra persona que utiliza un lenguaje especial (lenguas) desconocido para el resto de los presentes. Las personas que poseen este don espiritual tienden a...

- Tener una idea clara de lo que Dios está diciendo aunque el lenguaje utilizado por el que habla sea desconocido para ellos en ese momento específico.

- Ser capaces de traducir palabras y mensajes de Dios de una manera que edifique, consuele y desafíe a los creyentes.

- Comunicar el significado de sonidos, palabras y expresiones emitidos por otros y que glorifiquen a Dios.

Pienso que es posible que tenga este don (circula una)   sí   tal vez   no

Conocimiento: Comunicar la verdad de Dios a otros de manera que promueva justicia, honestidad y entendimiento. Las personas que poseen este don espiritual...

- Dedican mucho tiempo a la lectura y el estudio de la Biblia.

- Les agrada sobremanera compartir entendimiento bíblico.

- Disfrutan de ayudar a otros a entender mejor la Biblia.

- Se benefician del tiempo invertido estudiando e investigando las Escrituras.

- Disfrutan de responder preguntas difíciles acerca de la Palabra de Dios.

Pienso que es posible que tenga este don (circula una)   sí   tal vez   no

Liderazgo: Bajar una visión, estimular el crecimiento espiritual, aplicar estrategias y conducir a otros a lograr resultados. Las personas que poseen este don espiritual...

- Suelen tener «grandes ideas» para Dios y la habilidad de convocar a otras personas para cumplir esas las ideas.
- Se sienten naturalmente atraídos a roles de liderazgo.
- Les es fácil motivar a personas, tanto en forma individual como en grupos, para trabajar juntos para alcanzar metas para Dios.
- Captan «el panorama completo» con naturalidad.
- Gustosamente dan responsabilidades y tareas a otras personas.

Pienso que es posible que tenga este don (circula una)   sí   tal vez   no

Misericordia: Ministrar a aquellos que sufren física, emocional, relacional y espiritualmente. Sus acciones se caracterizan por amor, atención, compasión y bondad para con otros. Las personas que poseen este don espiritual...

- Buscan oportunidades de ayudar en forma práctica a los que están en necesidad.
- Dedican un tiempo significativo a orar por aquellos que sufren.

- Tienden a anteponer las necesidades de otros a las suyas propias.
- Sienten de forma genuina el dolor y el sufrimiento de los otros.
- Encuentran satisfacción cuando visitan a personas necesitadas en hospitales, hogares de ancianos, cárceles, orfanatos, aldeas o dondequiera que Dios los dirija.

Pienso que es posible que tenga este don (circula una)   sí   tal vez   no

Milagros: Ser usado mediante actos sobrenaturales que apuntan hacia Dios y su poder. Las personas que poseen este don espiritual...

- Reconocen a la oración como un vehículo sobrenatural mediante el cual Dios actúa en la vida de las personas en la Tierra.
- Dan crédito y agradecimiento solo a Dios por las obras sobrenaturales.
- Reconocen que los milagros solo ocurren cuando Dios desea que ocurran.
- Se ven a sí mismos como instrumentos para ser usados por Dios.
- Oran y buscan resultados sobrenaturales dondequiera que se enfrentan con situaciones de vida imposibles.

Pienso que es posible que tenga este don (circula una)   sí   tal vez   no

Pastoreo: Tomar responsabilidad espiritual por un grupo de creyentes y ayudarlos a vivir vidas guiadas por la palabra de Dios. «Pastorear» es otra palabra utilizada para este don. Las personas que poseen este don espiritual...

- Desean ayudar a otros a alcanzar su máximo potencial como seguidores de Cristo.
- Disfrutan del servicio a otros y buscan oportunidades para hacerlo.
- Son buenos desarrollando relaciones personales basadas en la confianza con un grupo pequeño de personas.
- Se sienten atraídos a satisfacer las necesidades de otros, dando su tiempo gustosamente para ayudarlos con los temas espirituales.
- Creen que las personas son más importantes que los proyectos.

Pienso que es posible que tenga este don (circula una)   sí   tal vez   no

Profecía: Ofrecer mensajes de parte de Dios que consuelen, alienten, guíen, adviertan o revelen el pecado de una manera que conduzca al arrepentimiento y al crecimiento espiritual. El significado original de esta palabra en griego es «proclamar la verdad». El don de profecía incluye tanto «proclamar» (predicar, anunciar), como «profetizar» (revelar). Las personas que poseen este don espiritual...

- Son conocidas por comunicar públicamente la Palabra de Dios, usando una variedad de medios.
- Disfrutan mucho el compartir ideas bíblicas sólidas con otros.
- Se ven a sí mismos como instrumentos de Dios, listos para ser usados por el Espíritu Santo para cambiar vidas.

- Encuentran fácil el confrontar las motivaciones de otros cuando no están a la altura de los estándares de Dios.

- Frecuentemente reciben y comparten mensajes que vienen directamente de Dios para consolar, desafiar y confrontar a su pueblo.

Pienso que es posible que tenga este don (circula una)   sí   tal vez   no

Enseñar: Presentar una buena enseñanza bíblica de maneras relevantes, ayudando a las personas a adquirir una educación espiritual sólida y madura. Las personas que poseen este don espiritual...

- Estudian las Escrituras con intensidad para poder ayudar a otros a aplicar sus principios y su verdad.

- Disfrutan de hacer que la Biblia sea clara y comprensible para los amigos.

- Ven cómo los principios bíblicos siguen siendo relevantes para la cultura de hoy.

- Son buenos para ayudar a otros a aprender a estudiar la Biblia.

- Reconocen una variedad de maneras para comunicar de manera efectiva la Palabra de Dios, incluyendo la hablada.

Pienso que es posible que tenga este don (circula una)   sí   tal vez   no

Lenguas: Comunicar el mensaje de Dios en un lenguaje especial, desconocido para el que habla. Las personas que poseen este don espiritual suelen...

- Creer que Dios está incitándoles a comunicar su mensaje, a menudo a través de la oración, en un lenguaje específico desconocido para ellos.
- Interceder por otros en oración utilizando palabras desconocidas, sonidos y vocalizaciones.
- Anhelar oportunidades para orar utilizando estos lenguajes desconocidos para la gloria de Dios.
- Compartir con otros las palabras o mensajes de Dios que les fueron dados, utilizando lenguajes desconocidos.
- Consolar o exhortar a otros utilizando lenguajes desconocidos inspirados por Dios.

Pienso que es posible que tenga este don (circula una)   sí   tal vez   no

Sabiduría: Tomar decisiones sabias y aconsejar a otros con consejos sólidos, todo de acuerdo con la voluntad de Dios. Las personas que poseen este don espiritual...

- Disfrutan de proclamar las perspectivas bíblicas en las situaciones de la vida.
- Tienen amigos que vienen a ellos por consejos o sabiduría.
- Disfrutan el aconsejar a otros.
- Son conocidos por tomar decisiones correctas y emitir juicios correctos.
- Reconocen a Dios como la fuente primaria de sabiduría y dirección.

Pienso que es posible que tenga este don (circula una)   sí   tal vez   no

Ahora repasa tus respuestas y escoge cinco dones que sientas que es posible que tengas. Luego podrás anotarlos en la página 116 de tu perfil FORMA. (Comienza con aquellos en los que contestaste «sí». Luego añade los «tal vez» si el espacio lo permite).

APÉNDICE B

HABILIDADES

Esta lista incluye una cantidad de destrezas que son bastante comunes, aunque algunas parezcan demasiado «adultas» para este tipo de libro. Debes ir pensando cómo Dios te ha dado dones hoy como joven, pero también sé lo suficientemente sabio como para considerar que en unos pocos años estarás viviendo con responsabilidades típicas de un adulto. Repito, esta lista no está completa, así que te agradezco que añadas lo que necesites a ella a medida que pienses en otras habilidades que no están aquí. Recuerda que, desde el punto de vista de Dios, ninguna habilidad es superior o inferior a otra. Todas las habilidades son importantes para Dios. Diviértete y pídele a Dios que te revele aquello para lo que eres naturalmente bueno.

Circula las habilidades naturales por las que te destacas y las cosas que «amas» hacer.

1. **Aconsejar**: *La habilidad para dar consejo, analizar, conversar.*
2. **Adaptación**: *La habilidad para adaptarse, cambiar, alterar, modificar.*
3. **Análisis**: *La habilidad para examinar, investigar, sondear, evaluar.*
4. **Animar**: *La habilidad para alentar, inspirar, dar apoyo.*
5. **Aprender**: *La habilidad para estudiar, recopilar, entender, mejorar, desarrollarse.*
6. **Cocinar**: *La habilidad para preparar, servir, alimentar, proveer alimentos.*
7. **Competir**: *La habilidad para enfrentar, ganar, batallar.*

8. **Computar**: *La habilidad para sumar, estimar, totalizar, calcular.*
9. **Comunicar**: *La habilidad para compartir, transmitir, impartir.*
10. **Conectar**: *La habilidad para enlazar, involucrar, relacionar.*
11. **Consejería**: *La habilidad para guiar, aconsejar, apoyar, escuchar, atender.*
12. **Construir**: *La habilidad para construir, fabricar, ensamblar.*
13. **Coordinar**: *La habilidad para organizar, emparejar, armonizar.*
14. **Crear**: *La habilidad para imaginar, diseñar, desarrollar.*
15. **Decorar**: *La habilidad para embellecer, resaltar, adornar.*
16. **Desarrollar**: *La habilidad para expandir, crecer, adelantar, incrementar.*
17. **Dirigir**: *La habilidad para fijar objetivos, conducir, manejar, supervisar.*
18. **Diseñar**: *La habilidad para dibujar, crear, imaginar, esbozar.*
19. **Editar**: *La habilidad para corregir, enmendar, alterar, mejorar.*
20. **Enseñar**: *La habilidad para explicar, demostrar, ofrecer tutorías.*
21. **Entrenar**: *La habilidad para preparar, instruir, capacitar, equipar, desarrollar.*
22. **Escribir**: *La habilidad de componer, crear, dejar escrito o grabado algo.*

23. **Estrategias**: *La habilidad para prever, calcular, planificar.*

24. **Facilitar**: *La habilidad para ayudar, auxiliar, asistir, hacer posible.*

25. **Gerenciar**: *La habilidad para dirigir, manejar, supervisar.*

26. **Implementar**: *La habilidad para aplicar, ejecutar, hacer que ocurra.*

27. **Influenciar**: *La habilidad para afectar, convencer, formar, cambiar.*

28. **Ingeniería**: *La habilidad para construir, diseñar, planificar.*

29. **Investigar**: *La habilidad para buscar, recopilar, examinar, estudiar.*

30. **Liderar**: *La habilidad para preparar el camino, guiar, destacarse, ganar.*

31. **Mejorar**: *La habilidad para hacer mejor, resaltar, realzar, enriquecer.*

32. **Mentor**: *La habilidad para aconsejar, guiar, enseñar.*

33. **Motivar**: *La habilidad para provocar, inducir, instar.*

34. **Negociar**: *La habilidad para discutir, consultar, conciliar, acordar.*

35. **Operar**: La habilidad para hacer funcionar cosas mecánicas o técnicas.

36. **Organizar**: *La habilidad para simplificar, disponer, arreglar, clasificar, coordinar.*

37. **Paisajismo**: *La habilidad para la jardinería, plantar, mejorar.*

38. **Pionero**: *La habilidad para generar algo nuevo, innovador, original.*

39. **Planificar**: *La habilidad para organizar, proyectar, preparar.*

40. **Promover**: *La habilidad para vender, patrocinar, endosar, exponer.*

41. **Pronosticar**: *La habilidad para predecir, calcular, ver tendencias, patrones y temas.*

42. **Recibir**: *La habilidad para invitar, dar la bienvenida, saludar, hacer sentir cómodo.*

43. **Reclutar**: *La habilidad para convocar, llamar a filas, contratar, comprometer.*

44. **Recursos**: *La habilidad para equipar, proveer, aprovisionar.*

45. **Reparar**: *La habilidad para arreglar, enmendar, restaurar, sanar.*

46. **Representar**: *La habilidad para cantar, hablar, bailar, tocar un instrumento, actuar.*

47. **Servir**: *La habilidad para ayudar, asistir, satisfacer.*

48. **Traducir**: *La habilidad para interpretar, decodificar, explicar, hablar.*

49. **Viajar**: *La habilidad para trasladarse de un lugar a otro, visitar, explorar.*

50. **Visualizar**: *La habilidad para imaginar, crear una visión, soñar, conceptualizar.*

Si marcaste más de cinco de las 50 destrezas, vuelve atrás y escoge las cinco que mejor te definan. Luego, regresa a la página 118 y anota las cinco habilidades que mejor reflejan quién eres.

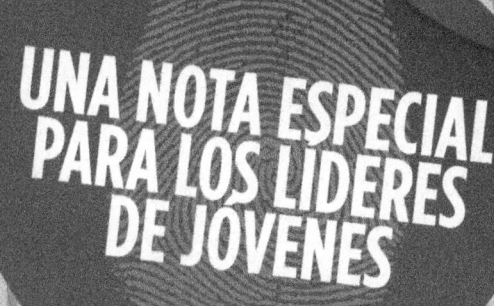

UNA NOTA ESPECIAL PARA LOS LÍDERES DE JÓVENES

Una nota especial para los líderes de jóvenes

UNOS CUANTOS CONSEJOS PARA HACER QUE ESTE ASUNTO DE LA *FORMA* FUNCIONE DENTRO DE TU MINISTERIO

Los mejores líderes de jóvenes que conozco son los que están continuamente a la búsqueda de grandes ideas para fortalecer tanto sus ministerios como a sus chicos. Si estás leyendo esta página, probablemente eres ese tipo de líder de jóvenes. Si es así, pienso que este libro puede ser una herramienta valiosa para ayudarte a llevar a tus jóvenes a un nivel más profundo en su compromiso con la fe y en su desarrollo ministerial.

Ya sea porque logres que todos tus estudiantes lean este libro y que lo discutan en grupos pequeños, o porque solo se lo des a un estudiante en particular y te reúnas con él, quiero agradecerte por animar a jóvenes a darse cuenta de que son especiales y tienen algo que ofrecer para el Reino. Hablando de líder a líder, yo te aplaudo por preocuparte tanto por los jóvenes que Dios ha puesto a tu cuidado. ¡Gracias por invertir tiempo y energía en la vida de los jóvenes! Ayudarlos a descubrir la FORMA que Dios les ha dado requerirá algo de tu esfuerzo, pero la recompensa de tu inversión relacional y espiritual será increíble.

1. ACEPTA TU RESPONSABILIDAD

Me gusta decir, «Lo encontraste, es tuyo». Eso quiere decir que si los jóvenes de tu ministerio vienen a ti buscando ayuda (como el libro sugiere que deberían hacer), por favor, tómate como un privilegio el ayudarlos y guiarlos. El apóstol Pablo habla de «[animar, consolar y exhortar] a llevar una vida digna de Dios, que los llama a su Reino y a su gloria» (1 Tesalonicenses 2:12). Como líder de jóvenes, tú entiendes perfectamente que uno de tus roles es nutrir a los jóvenes en su relación con Dios. Regocíjate porque tienes el privilegio de ayudar a guiar un joven a descubrir su FORMA única y a poner ese descubrimiento en práctica. He conducido a cientos de jóvenes a través de este proceso de descubrir su FORMA durante los últimos 25 años, y me he llenado de regocijo al ayudarlos a poner en práctica lo que está en este el libro. Me encanta decirles: «Felicidades... ¡tienes dones y talentos únicos!»... ¡y también te encantará a ti!

2. MOTIVA SUS ESFUERZOS

Cuando los adolescentes te pidan ayuda, por favor déjales saber que te sientes orgulloso de ellos por buscarla. Aun si no te puedes encontrar con ellos por algunos días, hazles saber que estás emocionado por su nueva travesía y por el descubrimiento que van a hacer de su FORMA. Tu motivación los ayudará a permanecer motivados. Es increíble lo que puede hacer por un joven un poco de motivación.

3. COMPARTE ALGO ACERCA DEL DESCUBRIMIENTO DE TU PROPIA FORMA

Cuando hables con jóvenes, asegúrate de compartir algo de tus propias experiencias y descubrimientos sobre tu FORMA particular. Déjales saber en qué puntos tuviste problemas, sentiste confusión, encontraste respuestas, te detuviste a pensar, oraste... Para que puedas hacerlo con autenticidad, te animo a que leas el libro y contestes las preguntas del perfil FORMA en las páginas 115 - 124. Pienso que te resultará una lectura fácil, y puede que quieras pedirles a todos los líderes en el ministerio juvenil que lean el libro también, para que puedan acompañar mejor a sus jóvenes durante el proceso.

4. ESCUCHA MÁS DE LO QUE HABLAS

Pese a que sí quiero que compartas algunas de tus experiencias cuando te encuentres con los jóvenes, también quiero que escuches más de lo que hablas sobre ti mismo. Permanece en oración y pídele a Dios sabiduría para que te dé preguntas específicas y perspicaces que te ayuden a obtener algo más que un «no sé». Pide a tus jóvenes que compartan lo que han aprendido de cada capítulo y que respondan en qué sentido creen que Dios los ha hecho únicos. Transfórmate en un especialista en hacer los tipos de preguntas que los instan a pensar, y guíalos para que quieran usar su particular manera de ser para la gloria de Dios.

5. AFÍRMALES QUE SON ÚNICOS

Me encantaría dar por sentado que esto ocurre de manera natural, pero he visto demasiados adultos atentos que están más preocupados por las respuestas que por el viaje. Ayudar a los adolescentes a descubrir su FORMA es más que hacerlos regurgitar las respuestas correctas para las preguntas sobre su perfil FORMA. A lo largo de la conversación, apoya y alienta sus respuestas, confirma su aprendizaje, y motívalos, ya que pueden sentirse inseguros en ciertos aspectos de su propio descubrimiento. Puede que no reciban mucha confirmación en el hogar o de sus amigos, así que tú anímalos con gritos y aplausos mientras los guías.

6. INVOLÚCRALOS EN UNA OPORTUNIDAD MINISTERIAL PRONTO

Cuando lean el Capítulo 7, los jóvenes se sentirán desafiados a producir un impacto para el Reino basándose cada uno en su FORMA particular. Es muy importante que no se demoren demasiado en este momento. Ayúdalos a encontrar oportunidades ministeriales tan pronto como sea posible... aun si el ministerio no encaja perfectamente con la FORMA única y particular de algún joven. Si han pasado tiempo leyendo este libro y contestando las preguntas, estarán listos para hacer algo. Ponlos a servir y potencia su impulso y su entusiasmo. Si no estás seguro de dónde ubicarlos, comienza con alguna necesidad que tengas en tu ministerio en este momento. Tu necesidad + su FORMA = una oportunidad ministerial.

> **Tu necesidad + su FORMA = una oportunidad ministerial.**

7. REVISA SUS PROGRESOS

Aquí es donde realmente comienza tu inversión. Sí, has puesto mucho de tu tiempo, oración y energía hasta este momento, pero solo el tiempo dirá si un joven está sirviendo en el área que mejor expresa su FORMA personal. Cuando los jóvenes toman el compromiso de pasar por el proceso de descubrir su perfil FORMA, nosotros debemos tomar el compromiso de reunirnos con ellos de vez en cuando para repasar, revisar, hacer preguntas, y realizar las correcciones del curso que resulte necesario hacer.

Si te parece que el contenido de este libro puede ser demasiado para todos los estudiantes de tu ministerio, comienza con los jóvenes más maduros. Pasar por este proceso con tan solo un estudiante ya puede ser sumamente gratificante. Lo que yo les pido a los voluntarios en mi ministerio juvenil es que: (a) lean y entiendan el material; (b) encuentren cada mes a un joven que lea el libro; y (c) se reúnan con ese joven para ayudarlo a involucrarse en un ministerio basándose en su FORMA. Quedarás sorprendido por lo que puede pasar en un ministerio juvenil cuando un adolescente comienza a servir basándose en su FORMA... ¡cosas increíbles ocurrirán!

Visítanos en
www.especialidadesjuveniles.com
info@especialidadesjuveniles.com

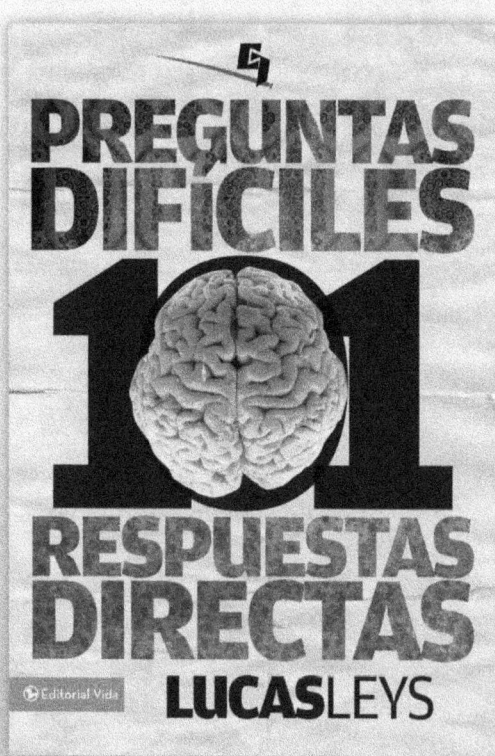

101 PREGUNTAS DIFÍCILES, 101 RESPUESTAS DIRECTAS

LUCAS LEYS

HEROES EN 3D
PAOLO LACOTA

EL ROCKERO
Y LA MODELO
GIOVANNY OLAYA Y VANESSA GARZÓN

SOLO PARA ELLAS

EDITORA GENERAL: KRISTY MOTTA

CUANDO UNA GENERACIÓN LE ADORA

ROJO

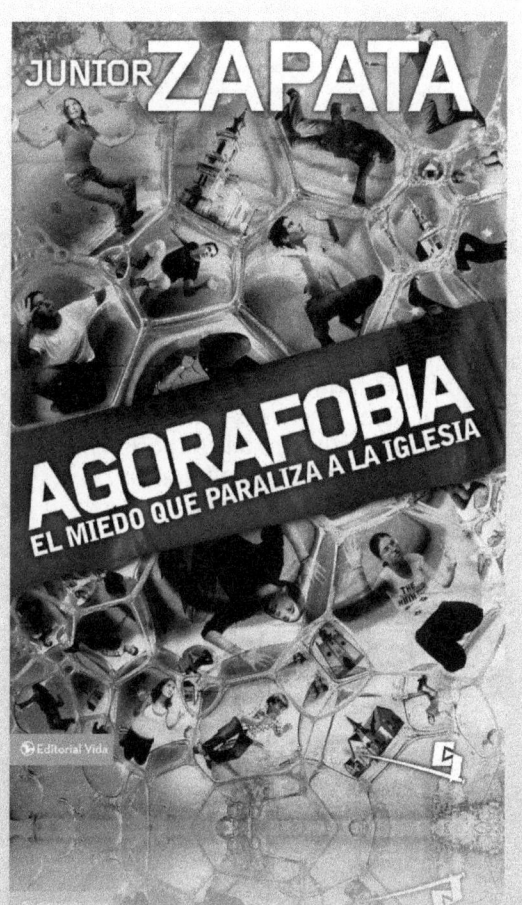

AGORAFOBIA

JUNIOR ZAPATA

Nos agradaría recibir noticias suyas.
Por favor, envíe sus comentarios
sobre este libro a la dirección
que aparece a continuación.
Muchas gracias.

vida@zondervan.com
www.editorialvida.com

www.ingramcontent.com/pod-product-compliance
Lightning Source LLC
LaVergne TN
LVHW041614070426
835507LV00008B/239